集中力が
すべてを
解決する

精神科医が教える
「ゾーン」に入る方法

樺沢紫苑
Kabasawa Zion

SB Creative

本書は、２０１７年10月に発売された『絶対にミスをしない人の脳の習慣』を改題のうえ、加筆・編集し、刊行した作品です。

はじめに

「仕事のミスが多い」

「仕事の効率が悪い。パフォーマンスが低い」

「仕事が定時で終わらず、残業になることが多い」

「物覚えが悪い。記憶力が低い」

「あれも、これも、やることが多い。いつも忙しい」

「時間がない。何かに追われている」


これらはすべて、「集中力」が原因で起きています。

集中力低下で起きること

集中力が低い人には、どのような特徴があるでしょう。

集中力が低いと、注意が散漫になりミスが多くなります。人の話を聞くときも、細かい指示を聞き逃したりします。結局、上司や先輩に怒られることも多く、職場での評価も下がります。

集中力が続かない人は、飽きっぽく、別な考えが浮かんで来ます。すぐにスマホを見てしまう。本来の仕事から脱線してしまい、元に復帰するのに時間がかかる。結果として、仕事の効率は悪く、仕事の「質」も下がってしまいます。

集中力が低いと、情報がインプットされても、ザルのようにダダ漏れしていきます。それが「聞き逃し」につながります。そもそも入力されていないので、記憶に残らない。結果として、「物覚えが悪い」「物忘れが多い」「記憶力が低い」のです。

集中力が低い人は一つのことに集中できないので、マルチタスクになってしまいます。結果として、さらにパフォーマンスが下がります。定時に仕事が終わらないので、残業が増えてしまう。いつも「忙しい。忙しい」を口癖にしてしまいます。時間がない。何かに追われているような気分になります。

仕事に余裕がない、時間に余裕がない。結局、人間関係にも余裕がなくなり、イライラも増えて、職場の人間関係もうまくいかなくなる。

はじめに

時間がないから、睡眠時間も十分にとれない。気分転換、リフレッシュ時間もとれない。睡眠不足と疲労の蓄積で、脳のパフォーマンスはより低下します。そうなると、泥沼です。

集中力が高いとすべてがうまくいく

一方で、集中力が高い人はどうでしょう？

集中力が高い人は、集中して効率よく仕事をこなすので、同じ時間、同じ仕事をしても、より早く、より質の高い仕事ができます。「仕事ができる人」と認識され、会社や上司からの評価も高く、昇給、昇進も速い。

残業も少なく、定時で帰ることができるので、時間に余裕ができる。そうすると、睡眠や運動、リフレッシュの時間をしっかりとれて、1日の疲れを残さない。翌日も100％のパフォーマンスで、集中力高く仕事ができるのです。

趣味やプライベートの活動も、集中してこなすので、「楽しい時間」が増えます。副業をする時間的余裕もでき、さらに収入を増やすことも可能です。

ストレスも少なく、精神的にも余裕がある。なので、人間関係も円満。仕事もプライベートも充実しています。

さて、あなたは、どちらに当てはまりますか？

集中力が低い人は、「頭が悪い人」「要領が悪い人」「仕事ができない人」「時間がない人」と見られます。集中力が高い人は、「頭が良い人」「要領が良い人」「仕事ができる人」「時間に余裕がある人」と見られます。

幸福には三つの種類があります。「健康の幸福」「つながりの幸福」「成功・お金の幸福」です。集中力が高い人は、三つの幸福のすべてを手に入れることができる。集中力が低い人は、三つの幸福のすべてを失います。

あなたの仕事がうまくいかないのは、集中力が低いから。あなたの人生がうまくいかないのは、集中力が低いから。それが原因です。

あなたの集中力を少し高めるだけで、あなたの仕事の効率は飛躍的にアップします。職場での評価もアップする。昇進昇給のチャンスも増えてくる。残業時間も減って、自分の時間が持てる。ストレスが減って、心にも余裕ができる。いいことずくめです。

つまり、集中力が高ければ、すべてがうまくいく！「集中力がすべてを解決する」と言っても過言ではありません。

集中力を高めると、頭が良くなる！

集中力とは、脳科学的には「前頭前野」が司ると考えられます。「前頭前野」とは、脳の司令塔とも言われ、「集中力・注意力」「ワーキングメモリ」「考える」「判断する」「記憶する」「アイデアを出す」「感情をコントロールする」など、高次の認知機能を司る脳の司令塔です。

集中力が低い人は、思考力も低い。なかなか決められない（優柔不断）。集中力以外の高次認知機能も低い人が多いのです。「集中力はものすごく低いけれど、それ以外の能力は極めて高い」という人はいません。つまり、本書でお伝えする「集中力を高める方法」を実践すると、集中力だけでなく、「思考力」「判断力」「記憶力」「感情コントロール力」「発想力・創造性」など、高次の脳機能を丸ごとアップすることができる。一言で言うと「頭が良くなる！」というわけ。

これらの能力が丸ごとアップするのなら、あなたの「仕事」や「プライベート」の悩みも、ほとんど解決できるのではないですか？

つまり、「集中力がすべてを解決する」のは、本当です。

集中力は先天的？ 後天的？

集中力が低いのは、先天的なのか？ 後天的なのか？ よく質問されます。

生まれつき集中力が低い人、注意散漫でミスが多い人は、改善しないのでしょうか？「私は発達障害、ＡＤＨＤ（注意欠陥多動性障害）なので、注意が散漫なのはしょうがない」「私は（発達障害の）グレーゾーンなので、注意力・集中力が低いのはしょうがない」という人は多いです。

発達障害は全人口の５～10％いると言われます。グレーゾーンを合わせると、10％を超えます。発達障害の多くを占めるＡＤＨＤは、「注意欠陥多動性障害」と言われるように、「忘れ物が多い」「なくし物が多い」「ミスが多い」などの、注意障害、注意散漫を主要な症状として認めます。つまり、10人に１人は、生まれつきの注意・集中力障害があるかもしれません。

しかし、悲観する必要はありません。最近の研究では、発達障害の症状が「運動」によって改善することが示されています。

例えば、ニューヨークのホフストラ大学の研究。８～11歳までのＡＤＨＤの児童に週２

回、武術の稽古をさせたところ、8週間で注意力や多動の著明な改善が認められました。宿題や予習をするようになり、成績も上がり、席を立ってかけまわることも減り、規則も破らなくなったのです。なんと、ADHDにおける注意集中力障害が、たった8週間で改善するのです。

米国では、10代の約10%が発達障害と診断されています。そうした子供たちが、20歳をすぎてどうなったかを調べた研究があります。結果は、半数の子供は、普通に社会生活をしていたのです！　驚くことに、普通に仕事ができて、普通に自立した生活ができていたのです。つまり、仮に発達障害であったとしても、注意・集中力障害、多動などの症状は、改善するのです。

生まれつき注意・集中力が低い人は、一定数います。しかし、生まれてからの活動、行動によって、集中力を改善し、高めることは十分に可能なのです。

集中力は意識的に高められる！

30年前の私は、集中力がものすごく低かった。

30年前の私（28歳）は、精神科医として総合病院に勤務していました。仕事がものすごく忙しい。にもかかわらず、夜10時に仕事が終わったら、たいてい飲みに行くのです。睡眠時間は6時間を切る日も多かった。精神的にも余裕がなく、よく看護師さんとも口論をしていました。今考えると、完全に脳疲労です。

2004年から3年間、米国シカゴのイリノイ大学に留学しました（39歳）。アメリカ人の「自分らしく生きる」という生き方に触発され、「自分のやりたいことをやろう！」と決めました。日本に帰国後、勤務医はやめ、独立起業。樺沢心理学研究所を設立し、「メンタル疾患の予防」をビジョンに掲げ、情報発信と執筆で生計を立てていく決断をしました。

当初は、1人社長（社員なし）なので、自分の仕事パフォーマンスが、そのまま業績、収入に反映します。2倍仕事をすれば、2倍の仕事をこなせて、収入も2倍になるのです。集中力を高める、効率的に仕事ができれば、いくらでも収入が増やせる！と気付いたのです。

そのために私がはじめたのが、「整える」ことです。睡眠、運動、朝散歩。睡眠は8時間。週2、3回のジム通い。他にも、本書に書かれている内容は、すべて私が起業してから、それもここ15年ほど続けている内容です。

結果として、集中力が爆上がりしました。YouTube、メルマガを毎日更新して10年以上。本の執筆は、毎年3冊以上。２０２３年は自己最高の年5冊を執筆しました。58歳となりましたが、起業した頃の自分と比べて、集中力が3倍、仕事パフォーマンスも3倍。収入も3倍以上に上がっています。

現在、58歳ですが、30歳の頃よりも、間違いなく調子が良い。そして、今の方が、長時間デスクワークをしても疲れない。人生で最も気力、体力が充実しています。

大切な家族や仲間にも恵まれている。年5冊の執筆、YouTubeフォロワーも50万人と絶好調。収入も増えている。「健康」「つながり」「成功・お金」と三つの幸福のすべてを手に入れて、「絶好調」そのものです。

「集中力がすべてを解決する」は、「仕事に忙殺され、酒びたりの不健康な勤務医」だった私が、絶好調の今にいたるまでしてきたことを、まとめた一冊です。

日々の仕事に忙殺され、ストレスも多い。集中力を高めたい！　パフォーマンスを高めたい！　というあなたに、必ず役立ちます。

目次

はじめに……003
集中力低下で起きること……003
集中力が高いとすべてがうまくいく……005
集中力を高めると、頭が良くなる！……007
集中力は先天的？　後天的？……008
集中力は意識的に高められる！……009

INTRODUCTION
絶好調の境地「ゾーン」の入り方
脳の集中力を高める基本原則

AI時代ほど「集中力」が必要！……022
スマホは集中力泥棒……022
テレワークで集中する難しさ……023
AI時代の悪魔の誘惑……024
AI時代は依存症の時代……026
コントロール力がないとメンタルが病む……027
集中力低下の3大原因……028
（原因1）　1日のリズム、疲れ……028
（原因2）　脳疲労・ストレス……029
（原因3）　ワーキングメモリの低下……030
メンタルが悪化すると、集中力が下がる……031
前頭前野の機能低下……031
ノルアドレナリンの低下……032
「健康」よりも上の状態をめざせ！……033

CONTENTS

絶好調のさらに上、「ゾーン」をめざせ！……035
脳の「流れ」を改善しよう……037
ゾーンに入る9つの方法……040

PART 1 入力
「インプット」を変えると集中力が最大化する
一発で正確に覚えて忘れない方法

「ワーキングメモリ」を使いこなす……046
脳の作業領域が集中力の鍵を握る……046
脳のオーバーフローが作業効率を下げる……048
ワーキングメモリは何歳からでも鍛えられる……050
ワーキングメモリのキャパシティ……053
ワーキングメモリを鍛える9つの方法……056

I タスク術

一点集中タスク術……065
「同時進行」が集中力低下のもと……065
音楽を聴くと仕事がはかどる？……069
デュアルタスクで能率アップ……070

II メモ術

「記憶」しないメモ術……073
書くことで脳の司令塔を活性化……073
新聞記者が必ずメモをとる理由……074
緩急をつけてメモをとる……076
「デジタル」よりも「アナログ」を選ぶ……078
一元化してアウトプットする……080

III
情報収集術

タイムマネジメント
情報収集術……081
スマホで調べた情報は記憶に残らない……081
脳が疲弊する「スマホ認知症」に注意……082
スマホの使いすぎで頭が悪くなる……084
時間を決めて情報を集める……086

IV
勉強法

①学びを欲張らない
「舌切り雀勉強法」……087
「メモ魔」ほど理解が浅い……087
インプットは欲張らない……088
②3ポイント勉強法……091
「3」を意識して学びを最大化……091
③大人のための
「脳活性化勉強法」……094
資格試験で脳が劇的に冴える……094
暗記で認知症リスクが減少する……097

PART 2
出力
脳力を引き出せば、
仕事の「スピード」と
「質」は上がる
気持ちいいほどタスクを消化できる方法

仕事の9割は「出力(アウトプット)」……104

I
時間術

①ウルトラディアンリズム
時間術……106
「覚醒度のリズム」に乗る……106

②時間帯・曜日決め打ち時間術……109
「ミスの魔の時間帯」に作業しない……109
ミスをしやすい時間帯・曜日は避ける……111
③脳が目覚める「ゴールデンタイム時間術」……113
面倒な仕事は朝一で終わらせる……113
「脳のゴールデンタイム」を延長する方法……115

II TO DOリスト術

①集中力のギアを上げるTO DOリスト術……118
そのTO DOリスト活用法は間違っている……118
②初公開！「樺沢式TO DOリスト」……127
従来のTO DOリストの問題点……127
「樺沢式TO DOリスト」の使い方……130
やるべきことは「3」を意識して書く……132
オリジナルのTO DOリストを作ろう……138
③遊びのTO DOリスト……139
趣味・遊びのTO DOリストを書く……139
書くだけで実現率は3倍になる……140
④ホワイトボード仕事術……142
TO DOリストを決め打ちする……142
書き出してモチベーションを上げる……145

III スケジュール術

調整日導入スケジュール術……147
「調整日」を入れるだけで余裕が生まれる……147
締め切り＋予備日2日で余裕を作る……149

IV
仕事術

①1つずつクリアする「プチプチ」仕事術……152
「頭が真っ白になる」を防ぐ方法……152
タスクは「プチプチをつぶす」ように……154
②二兎を追わない「各個撃破仕事術」……157
ドイツ軍の失敗に学ぶ「最も効率的な戦い方」……157
③先送り・ミスゼロ仕事術……160
「先送り」にした瞬間、「TO DOリスト」に追加……160
④100点をめざさない「30点目標仕事術」……162
100点をめざすと100点から遠のく……162

PART3
思考

トップギアの脳は「自己洞察力」で決まる

疲労に負けない無敵の生産性を維持する方法

「自己洞察力」を鍛えて集中力を保ち続ける……168
根本的に集中力を上げる方法……168
「自分の状態に気付く思考」が鍵を握る……169
「自分の状態は、自分が一番わかっている」は大間違い……174
「疲れています」と言える人は健康……178

I
ノート術

たった3分間の「ポジティブ脳ノート術」……180

CONTENTS

書くことで自分の状態を客観視する……180

II SNS活用術

ポジティブ思考を養う「X(Twitter)術」……185
短文日記で脳トレしよう……185

III 思考法

①「忘れ物」をゼロにする
『紙』確認思考」……187
「5」を超えたら「チェックリスト」化……187
「ミス2回」がチェックリスト作成のサイン……191

②不安を消す
「転ばぬ先の杖思考」……192
「ミスしたらどうしよう」を取り除く……192

③雑念を排除する
「ルーティーン思考」……195
「いつもと同じ」で最高の集中を作り出す……195

④事故を未然に防ぐ
「ヒヤリ・ハット思考」……199
医療現場で使われる心理戦略を応用する……199

⑤数値で把握する
「C-3PO思考」……203
客観視する習慣で自己観察能力を鍛える……203
今の状態は100点満点で何点?……204
たった15秒の「起床瞑想」……206

PART 4 整理

脳の棚卸しでパフォーマンスを上げる

雑念や誘惑に打ち勝つメンタルを作る方法

感情を整えて気が散らないようにする……210

Ⅰ 脳内整理

「整理整頓」より「脳内整理」……210

①きれいに忘れる「荷降ろし脳整理術」……211

脳内に記憶スペースを作る……211

「逆ツァイガルニク効果」を活用する……212

②電車でボーっと脳内整理法……215

「何もしない時間」で1人会議……215

「ボーっとする」は、脳科学的に正しい……219

Ⅱ 行動整理

折れない自分を作る「失敗と成功の整理術」……222

失敗は「フィードバック」して忘れ、成功は噛みしめる……222

Ⅲ ストレス整理

心を整える「ストレス整理術」……225

ストレスは「裏社会の首領（ドン）」である……225

多少のストレスは有効活用できる……226

ストレスホルモンは「コーヒー」のようなもの……227

ストレス過多は記憶を破壊する……228

副腎疲労が病気を招く……230

Ⅳ 休息法

寝る前2時間の「ゴールデンタイム休息法」……231

たった2時間でストレスは整理できる……231

やってはいけない「寝る前」の過ごし方……232

寝る前にリラックスしないといけない理由……235

Ⅴ 睡眠法

脳のコンディションを上げる「7時間睡眠法」……237

睡眠不足は集中力低下の重大な原因……237

「1時間プラス睡眠法」で能率アップ！……239

睡眠薬を飲んでも、いい睡眠はとれない……241

Ⅵ 感情整理

「人に言わない」感情整理法……245

愚痴でストレスは解消できない……245

「怒り」はストレスを増強する……247

「笑い」で水に流す……249

お酒はおいしく、楽しく……251

「運動」と「睡眠」で感情整理……253

おわりに……256

参考文献一覧……260

INTRO-DUCTION

絶好調の境地「ゾーン」の入り方

脳の集中力を高める基本原則

「脳」はどのようなメカニズムで「集中」をするのでしょうか？　集中力は、「仕組み」を知れば必ず高めることができます。脳科学的に「ゾーン」に入るための基本をおさえましょう。

AI時代ほど「集中力」が必要！

スマホは集中力泥棒

本書は、２０１７年に発売された『絶対にミスをしない人の脳の習慣』の改訂版です。そこから6年以上が経過し、「コロナ禍」もありました。

この6年間で、私たちの生活、そして、仕事のスタイルは激変しました。スマホの利用時間は、１００分（２０１７年）から、１７５分（２０２２年）に。なんと約１・７倍にも増えました。スマホ普及率は、80・４％から97・１％となり、ほとんどの人がスマホを持つ時代へと変わったのです。

子供たちは、ほとんどテレビを見ない。YouTube動画を見たり、スマホでアニメやドラマを視聴するのが普通です。スマホの長時間利用は、私たちの脳とメンタルを疲弊させます。スマホ利用時間が増えるほど、学校の成績は下がる。うつ病、不安障害の発症率、自殺率も高まることが示されています。

テキサス大学の研究によると、スマホが机の上に載っているだけで、集中力や認知機能が低下することがわかりました。**スマホを全く利用しなくても、置いているだけで集中力を減じてしまうのです。スマホは、私たちの集中力を破壊します。**

スマホを使えば使うほど、私たちの注意力は散漫になり、集中力は低下していきます。

スマホ、ネットは集中力泥棒です。スマホが1人1台の時代になった今、スマホから「集中力」を取り返さないと、たいへんなことになります。

テレワークで集中する難しさ

コロナ禍を通して、テレワーク、リモートワークが普及しました。会社に行かなくても、自宅やシェアスペースなどでも仕事ができるという、新しいワークスタイルです。テレワークによって、通勤の苦しみから解放された人も多いでしょう。子育てしながら、仕事がしやすくなったという人もいるでしょう。

一方で、自宅で仕事をするということは、1日の仕事、進捗の管理などを、すべて自分一人で行う必要が出てきました。自分で「TO DOリスト」を書いて、集中力を高めながら、他の人から話しかけられることもなく、集中力が高く仕事ができる。そんな人には、とても良い働き方です。

一方で、「言われたことをやる」だけの指示待ち人間にとっては、自己管理ができず苦労している人も多いようです。家にいるので、ついのんびりしてしまう。ダラダラしてしまう。つまり、集中力を上げるどころか、むしろ集中力を下げ、仕事の効率を下げている人もいます。

実際、テレワークになってから、メンタルダウンする人が激増しています。テレワークになって、むしろストレスが増えたという人も多いのです。

自宅で一人で集中して仕事をするのにも、コツがいるのです。TO DOリストを書くなどの自己管理は必須です。

AI時代の悪魔の誘惑

コロナ禍の3年間で、アマゾンプライムやネットフリックスなど、動画見放題サービスが広がりました。私も映画、アニメ、ドラマが好きなので、よく視聴しています。コロナ禍では、自宅にいるしかないので、欲望のままにアニメを見てしまい、全12話を見終わるまでやめられない。見終わったら午前3時だった。ということが、時々ありました。

電車に乗っていると、ほとんど全員がスマホを見ていますが、ゲームをしている人も多いです。落ちゲーや、指を動かすだけで戦闘できる単純なゲームを、とりつかれたようにやっています。夢中で歩きスマホをしている人も、急に増えてきたように思います。アニメやドラマ。ゲーム。そして、様々なスマホアプリ。私たちに「悪魔の誘惑」をしかけるのがスマホです。

仕事で、Ｇｏｏｇｌｅ検索をスマホですると、そのたびごとに「ゲーム」や「メッセージ」を開きたい、という衝動に襲われます。そして、仕事から脱線してしまう人も多い。特にテレワークでは、そこまで監視されていませんから。

いったん、集中力が途切れると、元の高い集中力に戻るためには、「15分」かかると言われます。15分おきにスマホを見る人は、一日中「集中力の低空飛行」をしているのです。

そうなると、もう仕事になりません。

ＡＩ時代は依存症の時代

アマゾンプライムやネットフリックスでドラマを視聴すると、「ドラマが始まってから何分で何％が脱落した」というデータをすべて取得されています。それらのデータをＡＩが分析して「よりおもしろいドラマ」「途中でやめらないドラマ」を作製しています。

ゲームも同様で、よりおもしろいゲーム、言い換えると、「依存症になりやすいゲーム」が次々と登場しています。

ＡＩ時代は、「エンタテインメントの時代」とも言われますが、精神科医の私から見ると「依存症の時代」です。スマホ依存、ゲーム障害（ゲーム依存）。オンラインカジノからギャンブル障害、ネットショッピングからショッピング依存症になる人もいます。

「便利」「おもしろい」＝「やめられない」ということです。

「おもしろい！」ときに脳から分泌されるドーパミンは、「もっともっと」の物質、つまり依存症を作り出す物質です。「もっともっと」の欲求が加速して、やめられなくなる。

それが依存症です。

コントロール力がないとメンタルが病む

最近、メンタル疾患を発病する人の多くが、深夜までスマホやインターネットを利用しています。動画視聴やゲームを深夜まで続けてしまい、睡眠不足、昼夜逆転に陥る。学校や会社に行けなくなる。そこから、「メンタル不調」がスタートする場合が多いのです。テレワーク中のメンタルダウンも、そのパターンです。

睡眠不足、昼夜逆転になると、集中力が下がり、仕事の効率も下がる。仕事が追いつかなくなり、プレッシャーもかかる。ストレスも増える。そうなると、ダムが決壊するように、一気に不調の波が押し寄せてきます。

仕事に一点集中できる! 集中力は、「今、ここにとどまる力」であり、「誘惑をコントロールする力」「誘惑をはねのける力」でもあるのです。

本書でお伝えする「自己洞察」や「リラックス」のノウハウを実行することで、コントロール力を養うことができます。

そして、この「誘惑をコントロールする力」がない人は、人生の下り坂に陥ります。ネット依存、ゲーム障害に陥り、うつ病や不安障害も併発する。仕事もできなくなり、休職、失職する人も多いのです。

AI時代ほど「集中力」が必要なのです。スマホや、インターネット、ChatGPTのようなAIツールが普及するほど、「今、ここにとどまる力」という意味で、「集中力」が絶対に必要なのです。

人類の歴史が始まって以来、最も「集中力」が必要な時代に突入しています。

集中力低下の3大原因

集中力が低下するには、原因があります。そのパターンを知っていれば、自分が思うように集中力を発揮できない理由がわかります。そして、対処法もわかります。

(原因1)1日のリズム、疲れ

集中力というのは、朝が一番高くて、午後、夜と時間がたつにつれて低下する傾向があります。これはほとんどすべての人に当てはまる生理的なリズムであり、あらがうことは困難です。

また、忙しく仕事をしていれば、頭を使えば使うほど集中力は低下していきます。それは、「疲れ」と言ってもいいでしょう。そして、疲労による集中力低下は、「休憩、休息」をしっかりとることで回復します。

集中力にはリズムや波があります。そのリズムや波に逆らうのではなく、波に乗るように仕事をする。集中力の高い時間帯に、集中力が必要な骨太な仕事を終わらせる。疲れているとき、集中力が下がっているときは、メールチェックのような楽な仕事をしていく。

集中力の波乗りによって、仕事の効率は最大化できます。

脳のリズムに乗って仕事をする方法は「PART 2　出力」の「時間術」で、上手な休憩のとり方は「PART 4　整理」の「休息法」「睡眠法」で、詳しく解説します。

（原因2）脳疲労・ストレス

もしあなたが、ここ何週間かずっと仕事が忙しい、毎日夜11時にならないと帰れない、といった状況が続いている場合。慢性的な疲労が蓄積して、注意力・集中力が持続的に低下した状態に陥っている可能性があります。病気とまではいきませんが、脳が「お疲れモード」になっています。それを**「脳疲労」**といいます。

脳疲労では、精神的なストレスがかかっている場合も多く、腎臓のすぐ上にある副腎皮質から分泌されるストレスホルモン（コルチゾール）が上がっているかもしれません。コルチゾールが持続的に上がると、注意力・集中力の低下にさらに拍車がかかります。

慢性的な疲労やストレスを防ぐためには、自己洞察力を高めて、「自分が疲れている」ということに、できるだけ早く気付いて、ストレスの原因に対処することが重要です。早め早めに対策を講じて、ストレスをきちんと整理していくことが必要となります。

その対処法は、「PART 3　思考」の「自己洞察力」の項目と、「PART 4　整理」の「ストレス整理」「感情整理」で詳しく解説します。

（原因3）ワーキングメモリの低下

脳の作業領域とも言われるワーキングメモリ（作業記憶）。これが低下すると、脳の作業領域が減ってしまうため、ミスやど忘れが多発します。ワーキングメモリは、脳の情報の入り口です。そこが渋滞してしまうと、当然、注意力・集中力も低下します。

ワーキングメモリの低下の原因は、（原因1）（原因2）とも関わりますが、日々のストレスや疲労の蓄積です。あるいは、もともとワーキングメモリが低い人もいますが、本書でお伝えする「ワーキングメモリを鍛える9つの方法」によって、高めることが可能です。「ワーキングメモリを鍛える9つの方法」は、「PART 1 入力」で詳しく解説します。

メンタルが悪化すると、集中力が下がる

前頭前野の機能低下

注意力・集中力は、前頭葉や脳幹など脳の複数の部位が関わっていますが、中でも前頭葉の「前頭前野」が、注意力・集中力の制御と関係していると言われます。前頭前野の血流が低下すると、注意力・集中力が低下します。

うつ病患者の脳では、前頭前野の血流、糖代謝が低下しています。つまり、脳疲労から「うつ」に至る過程で、前頭前野の機能低下が起こり、注意・集中力障害が悪化していく

のです。

ノルアドレナリンの低下

脳内物質の見地から考えると、脳内物質「ノルアドレナリン」が注意力・集中力と深く関係しています。ノルアドレナリンが低下すると、注意力・集中力が低下し「うっかりミス」「不注意な間違い」が増えてきます。長時間、集中して仕事や勉強ができなくなります。

ノルアドレナリンは、やはり慢性的なストレスや、脳疲労によって低下します。また、うつ病患者の脳内では、ノルアドレナリンが枯渇しています。なので、うつ病の初期では、「うっかりミス」が増えてくる。「うっかりミス」は、うつ病の初期症状といえます。

注意力と集中力の違いとはなんでしょうか。注意力とは、一瞬一瞬、一秒一秒の短い時間での意識の集中です。1秒が60回繰り返されると1分です。同様に、一瞬一瞬の注意力をとりまとめて、1分以上のまとまった時間、維持し、保持していく力。それが集中力です。専門的に言えば、このように違いはありますが、一般的には注意・集中力と一体化して扱われることが多いでしょう。

いずれにせよ、健康から、脳疲労、うつ病へと至る過程で、注意力と集中力は低下していくのです。つまり、以前はそんなことはなかったのに、「最近、集中力が下がってきたな」と自覚する人は、脳が疲れている証拠と言えます。それを放置すると、うつ病などのメンタル疾患に向かって、ドンドン悪化していくのです。

これらを防ぐためには、病気の一歩手前である脳疲労の段階で対応することが重要です。休息や睡眠をしっかりとる。ストレスの原因を早めに解消するなど、病気になる前に対処することが重要です。

「健康」よりも上の状態をめざせ！

「私は脳疲労ではありません」「私は健康なので大丈夫です！」という人も多いでしょう。そんなあなたは、「もっと集中力を高めたい」という思いで、本書を手にしているはずです。

図1　健康よりも上の状態

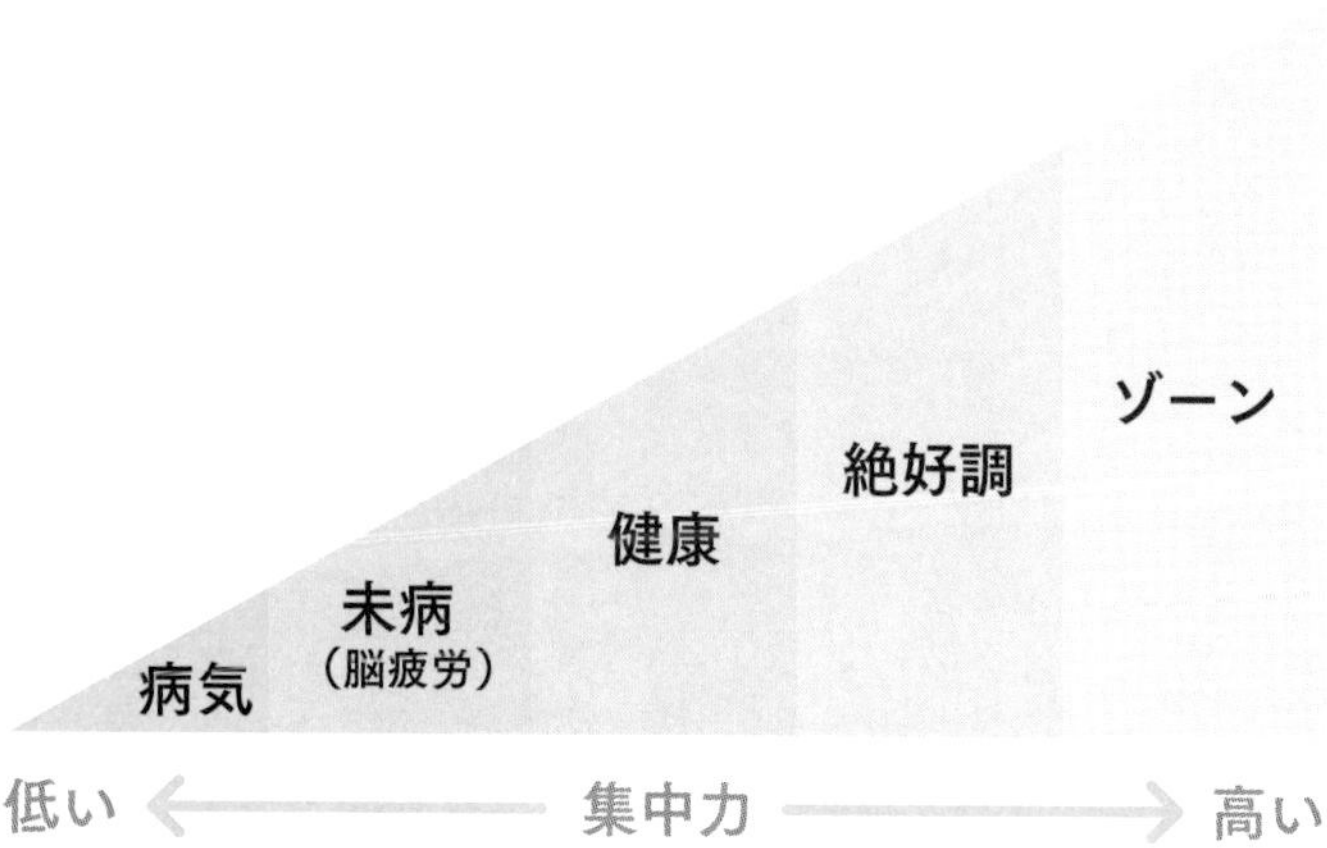

　しかし、「健康」なだけではダメなのです。「健康である」。つまり、「病気ではない」というだけで、「パフォーマンスが高い」とは言えないからです。健康であっても、パフォーマンスが低い人も多いのです。あなたは、「今以上のパフォーマンスを発揮したい！　そのために集中力を高めたい」と思っている。つまり、あなたがめざすべきは、「健康」ではなく、その上の状態です。

「健康」には、その上があります。それを本書では、「絶好調」と呼びます。

　最近「ウェルビーイング」という言葉をよく耳にします。「ウェルビーイング」とは、「身体的、精神的に健康な状態であるだけでなく、社会的、経済的に良好で満たされている状態」と定義されます。つまり、病気でないというだけではなく、仕事や人間関係もうまくいっている、精神的に満ち足りた、幸せな状態をさします。「健康」「幸福」「福祉」と訳されることもありますが、どれも本来の定義の一部しか表現できておらず不適当です。

そこで私は、「ウェルビーイング」を「絶好調」と訳します。

体調は万全。気力、体力ともに充実し、集中力が高く、仕事のパフォーマンスも高い。会社や上司からも評価され、収入も増えていく。精神的にも安定し、心に余裕があるので、人間関係も良好。「健康」「つながり」「成功・達成・お金」のすべてが手に入る。冒頭でも述べた、そんな素晴らしい状態が、「絶好調」なのです。

あなたは「健康」をめざすのではなく、「絶好調」をめざすべきなのです。

絶好調のさらに上、「ゾーン」をめざせ!

しかし、「絶好調」で満足してはいけません。絶好調のさらにその上があるとしたら……。そこをめざしたいと思いませんか? それが、「ゾーン」です。

アスリートの方は、「ゾーン」という言葉を使いますが、心理学では「フロー」とも言います。本書では、一般的に広く知られているなじみのある言葉「ゾーン」を使います。

仕事やスポーツなど、今、その瞬間に完全に集中し、普段よりも高いパフォーマンスが発揮できる。それでいて疲れ知らずで、気がつくと何時間もたっていた。それが、ゾーンです。

無理に必死になって頑張らなくても、気がつくと仕事が終わっている。それも、いつもよりも質の高い仕事ができている。アスリートであれば、不安や緊張もなく、雑念もなく、最高のパフォーマンスを発揮できる。そんな素晴らしいことはありません。

夢中、熱中を超えた「没入」。時間を忘れるほど集中して、没入してしまう。それが、ゾーンです。

心と体を絶好調の状態に持っていけるとするならば、しばしばゾーンの状態に入ることができます。実際私も、今、ゾーンの状態に入りながら、この文章を書いています。

自己最高のパフォーマンスを発揮できる状態がゾーン。その状態に意識的に持っていけるとするならば、それはすごいことです。

集中力を高める。絶好調のその先にあるのが、ゾーンです。

脳の「流れ」を改善しよう

人間の脳は、どのように情報処理をしているのでしょうか。

入力→思考→整理→出力の4つのプロセスで情報処理は進みます。

「本を読んで感想を書く」場合について考えてみましょう。

まず本を読みます【入力】。本の内容について、考えます。考えながら、読み進めます。

「主人公の気持ち」を考えたり、「このあとどうなる?」と予想したり、さまざまな思考がめぐります【思考】。

登場人物がたくさん出てきたり、複雑なストーリーであれば、整理しないと理解できません。理解しながら、読み進める。そのために、情報の整理が必要です【整理】。

最後に、整理された情報をもとに、その思考のプロセスや結果を、文章としてまとめます【出力】。

会社の仕事も同じです。

上司に仕事の指示を受ける【入力】。

それについて、どう処理するか考える。試行錯誤する【思考】。

筋道を整理して考える。資料を整理する【整理】。

結果をパソコンで書類にまとめて報告する【出力】。

つまり、入力から出力までのプロセスを効率よく回すことが、仕事の効率化につながります。それを不安や雑念を入れずに、脱線せずに、集中して行うために必要な能力が「集中力」です。つまり、「脳の監督官」が集中力です。

そして、この情報処理の4つのプロセスを、流れるように行うことで、ゾーン（フロー）に入ることができます。フロー（flow）とは、直訳すると「流れ」という意味です。流れるように情報を処理することで、行動が脱線することもなく、一点集中で時間を忘れるような没入状態に入ることができるのです。

「流れよく仕事をする」ように意識すれば、ゾーンに入ることができます。

つまり、入力→思考→整理→出力のどこかで、「滞り」「停滞」があると、ゾーンに入ることができません。そこで本書では、「入力」（PART 1）、「思考」（PART 3）、「整理」（PART 4）、「出力」（PART 2）の4章立てで、1章ずつ詳しく説明して

図2　脳の流れをよくすれば集中力は高まる

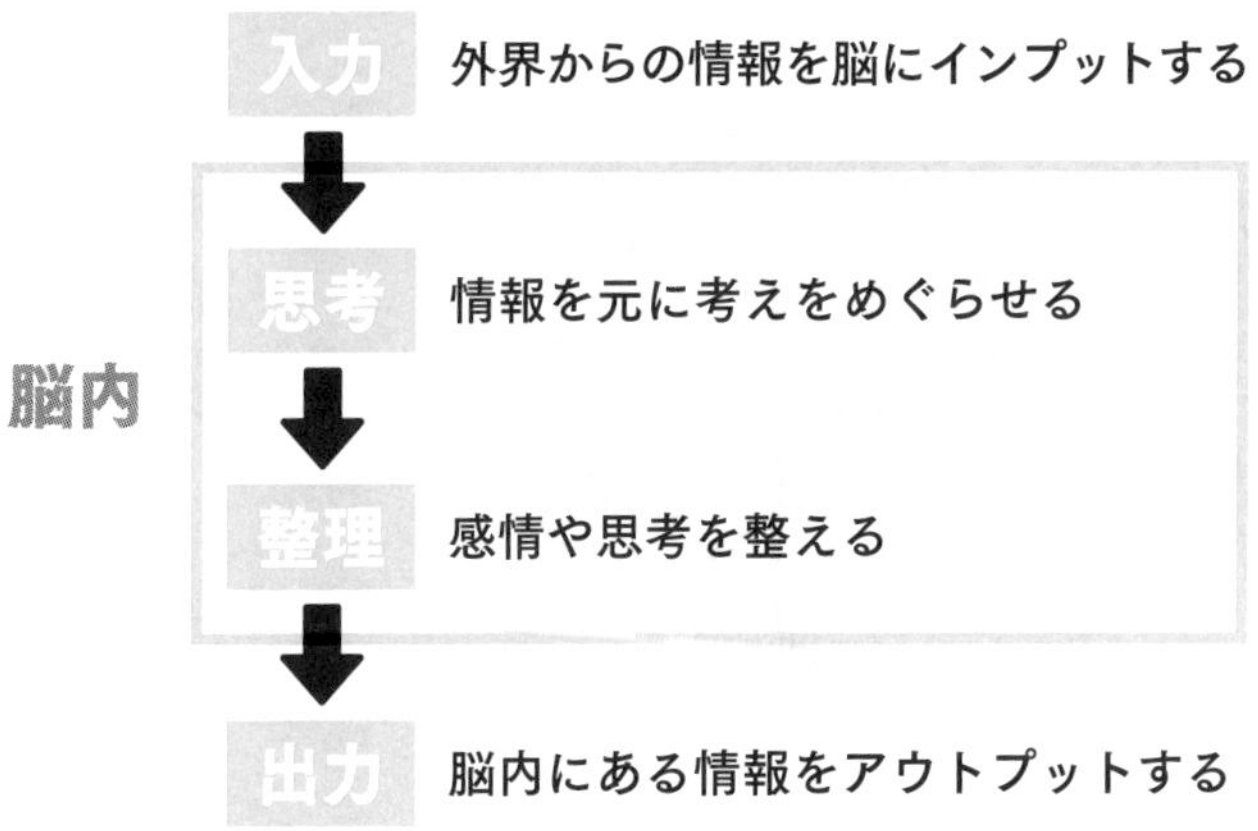

いきます。

順番としては、最初に情報の「入り口」と「出口」である、「入力（インプット）」と「出力（アウトプット）」について解説します。その後、情報処理の中味である「思考」と「整理」について解説します。

いずれにせよ、4つのプロセスのどこかで「滞り」「停滞」があるとゾーンには入れません。以下の4章、すべての章が重要ということです。

ゾーンに入る9つの方法

ゾーンに入ると素晴らしい！　では、どうすればゾーンに入れるのか？
私がゾーンに入るために意識している、９つのポイントをお伝えします。

（1）心と体を整える

心と体が整っている「健康」よりもさらに上の「絶好調」の状態を維持することが必要です。例えば、睡眠時間6時間以下の人は、脳疲労の入り口にいるわけです。ベースとなる集中力がそもそも普通以下なので、ゾーンに入ることは難しいでしょう。

心と体を整える最も簡単方法は、睡眠、運動、朝散歩です。普段から、心と体を整える生活習慣を身につけることが重要です。

（2）スマホを遠ざける

ゾーンとは、没入した状態です。つまり、集中力を妨げる「横やり」を、可能な限り減らすことが必要です。そのためには、スマホの電源をオフにして、カバンの奥にしまうことです。できれば、部屋の中にスマホを置くべきではありません。会社であれば、ロッカーに入れてしまうのがベストです。

私の場合は、原稿の執筆などネット環境が必要ない場合は、ネットにつながない、ＷｉＦｉをオフにするなど、ネット環境自体を遮断します。

(3)予定を入れない

ゾーンとは、「時間を忘れて没入する」ことです。つまり、「2時間後にオンライン会議がある」とするならば、それが雑念となって、ゾーンに入りづらい。

私の場合は、丸一日、何も予定を入れなければ、高い確率でゾーンに入れます。「何時間でも没入できる」という安心感が、ゾーンに入るためには必要です。

(4)物理的にきれい

机の上に、「没入したい仕事」と関係ないものが、何も載っていないのがベストです。

何かが載っていると、それが目に入る。つまり、雑念です。

物理的な整理整頓が必須です。最低でも、机の上だけはきれいにしておくことが必要です。

私はよくシェアスペースを使います。シェアスペースに必要なものだけを持って行き、必要なものだけを机の上に並べる。最も集中しやすい環境ができあがります。

(5)物理的に集中しやすい環境

周りが騒がしいと集中できません。私の場合は、カフェやシェアスペースを利用するときは、「耳栓」を使います。「ノイズキャンセリング・イヤフォン」などもよいでしょう。

電話が鳴ったり、途中で話しかけられると集中が途切れます。

いわゆる「缶詰めになる」というシチュエーションで、ゾーンに入りやすくなります。

(6)脳内がきれい

ゾーンとは、「脳内がクリーンで研ぎ澄まされた状態を、できるだけ維持しながら、流れるように作業する」ということです。

「没入したい仕事」と関係のない情報は、すべて「雑念」です。例えば、スマホを開けば

「雑念」の嵐が吹き荒れます。朝の情報番組、ニュースなどもすべて雑念です。
とにかく、「目前の仕事」以外の情報は、一切脳に入れないことです。

(7)流れるように作業する

前項でも解説したように、ゾーンに入るためには、入力→思考→整理→出力の4つのプロセスを流れるように行うことが必要です。そのための強力な武器が「TO DOリスト」です。「次に、何をしようかな」と考えた瞬間に、集中力の流れは途切れます。

(8)チョイ難《ムズ》

自分にとって簡単な作業、難易度の低い課題では、ゾーンに入れません。かなり手強いけれども、頑張ればなんとかクリアできそう。「ちょっと難しい(チョイ難)」の難易度で、ゾーンに入ります。

私の場合、締め切り直前になるとゾーンに入ります。「締め切りまであと1カ月」よりも、「締め切りまであと3日」の方が難易度が上がるからです。

ですから、簡単な仕事、毎日こなしているような平凡なルーティンワークでは、ゾーンに入りづらい。ただ同じ仕事でも、時間を制限したり、締め切りを早めたりすることで、難易度は高まります。

(9)シングルタスク

マルチタスクでは、ゾーンに入れません。「あれも」「これも」と雑多な仕事をはさむと注意の方向が拡散するからです。

ゾーンに入りやすい職業の一つとして、「伝統工芸の職人」が挙げられます。作業自体は、さまざまな工程があるでしょうが、「作品を完成させる」というシンプルな目的に向かって、流れるように作業することでゾーンに入るのです。

「あれも、これも」ではなく、「一点集中」です。

右記の「ゾーンに入る方法」は、本書の以下の各章で解説していきます。

以下の4章にバラバラに、ちりばめられて解説されているのですが、それらはすべて「ゾーンに入る」ための準備なのです。そのノウハウを一つずつ実行していく、そのノウハウの精度を高めていくことで、高い確率でゾーンに入れるようになります。

PART 1
入力

「インプット」を変えると集中力が最大化する

一発で正確に覚えて忘れない方法

外部からの情報を脳に取り込む最初のプロセス「入力」における、集中力を高めるための「タスク術」「メモ術」などの科学的実践法を解説していきます。

「ワーキングメモリ」を使いこなす

脳の作業領域が集中力の鍵を握る

ワーキングメモリとは、いわば「脳の作業領域」です。「ワーキングメモリ」は集中力や脳の処理能力を大きく左右する要因の一つでもあるので、詳しく説明しておきましょう。

集中力が低い人の悩みごととして、「うっかりして、大切なことをど忘れしてしまう」ということがあるでしょう。

別の部屋にものをとりに行ったとき、部屋のドアを開けた途端に、「そういえば、何をとりに来たんだっけ?」と忘れてしまう。そんな経験はありませんか?

こうした「ど忘れ」は、誰にでもあると思いますし、こうした「ど忘れ」がたびたび起きると、認知症にでもなったのか、と心配になるかもしれません。しかし、こうした「ど忘れ」は、認知症とは直接的には関係がありません。

「ど忘れ」した瞬間、歩きながら考えごとをしていた、あるいはスマホに気をとられたなどの理由によって、脳が一時的に情報過多に陥ったのです。つまり、**脳のオーバーフローが、「ど忘れ」の原因と言えます。**

人間の記憶力は、膨大な情報を記憶できるポテンシャルを持っていますが、情報入力のための入り口は非常に狭く、たくさんの情報が一気に流れ込もうとすると、脳の入り口で「交通渋滞」を起こしてしまうのです。

脳内には、脳の作業スペース、「ワーキングメモリ」があります。これは、脳内に入力した情報を、ごく短時間だけ保存し、その情報を元に、思考、計算、判断などの作業を行うスペースです。

ワーキングメモリでは、数秒から、長くても30秒ほどのごく短い時間だけ情報を保持します。情報処理が終わると、すぐにその情報は消去され、次の情報が新たに書き込まれていきます。

パソコンでたとえれば、「長期記憶」がハードディスク（HDD）とするなら、ワーキングメモリは、メモリ（RAM）に相当します。何かの処理をする場合、メモリに情報を書き込み、処理が終わるとすぐにその情報は消去され、また別の情報が上書きされていく。それと同様の情報処理が、私たちの脳内でも、常に行われているわけです。

たとえば、友達から携帯電話の番号を教えてもらったとき、スマホにそれを入力するまでの間は、頭の中にその番号が記憶されているはずです。しかし、番号の登録が終了した瞬間に、その番号は脳の中から消えてなくなります。そんなときに使われているのがワーキングメモリです。

脳のオーバーフローが作業効率を下げる

たとえば、今日中に締め切りを迎える仕事が、5件あったとしましょう。

あなたは切羽詰まった状況に追い込まれ、焦りも出てきます。猛烈なペースで仕事をこなしていかないと、到底終わりません。もしかするとあなたはパニック状態に陥るかもしれませんが、こんな状態を通称「テンパる」と言います。こうしたテンパった状態では往々にして、実際にはどの作業にも集中することができず、パフォーマンスは低くなり、結果として大きなミスが起こります。

しかし、もしその仕事が3件しかなければ、テンパることなく余裕でこなせるでしょう。

図3　脳の記憶装置 ワーキングメモリ

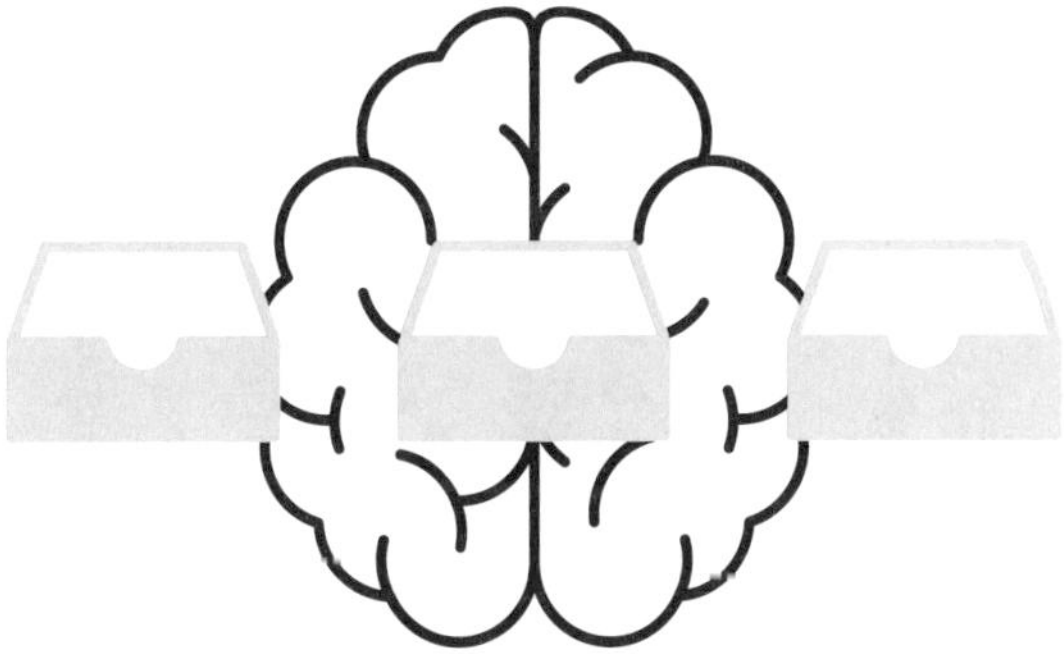

脳には「3つのトレイ」がある

テンパるというのは、実は、ワーキングメモリが不足している状態です。パソコンでいうところの、メモリ不足で動作が不安定になってしまった状態、と言うとわかりやすいでしょう。

脳の中に、上記の図3で示したような「3つのトレイ」が存在する、と想像してみてください。

あなたの作業机にトレイが3つ載っていて、それらに書類を入れて、仕事を進めるのと同様のプロセスで、脳の中でも情報処理が行われているのです。処理が終わったらそのトレイから書類が取り出されて、別の新しい書類が入ります。

トレイは3つしかありませんから、

同時に5件の書類を処理することは不可能です。そうなると「処理不能」の状態になってしまいます。そして、脳がオーバーフローを起こして、「ど忘れ」や「頭が真っ白になる」といったことが起こります。

「ど忘れ」や、追い込まれたときに焦ってミスしてしまう最大の原因は、このようにワーキングメモリの容量不足にあるのです。

ワーキングメモリは何歳からでも鍛えられる

昔から「自分は不注意が多いな」と悩んでいる方は、「ワーキングメモリ」の容量が少ない可能性があります。もしかすると、普通は「3」あるはずの脳内のトレイが、「2」であるかもしれないのです。

仮にそうだとすれば、一度に処理できる情報量が減ってしまいます。当然、脳の中はいつもあわただしくフル稼働の状態で、「余裕」というものがありません。注意が分散していて、作業がはかどらない上に、ミスが頻繁に起きてしまうのです。

一方で、いくつもの案件を抱えて、それを次から次へとスムーズに処理していく人もいます。

あなたの職場にも、頭の回転が速く、「仕事がデキる」と言われる人が必ずいるでしょう。そういう人は、「ワーキングメモリ」の容量が人よりも多いのです。

つまり、普通は「3」あるはずの脳のトレイが「4」あるとしたら、たくさんの案件を抱えていたとしても、混乱することなく次々と仕事をこなしていけます。

さて、あなたは「いつも作業効率が悪いダメ社員」と「仕事をバリバリこなすデキる社員」のどちらになりたいですか？　当然、後者でしょう。

「ダメ社員」と「デキる社員」は決定的に大きな能力差が、生まれつきあるように思われるかもしれませんが、実際はそうではありません。「ワーキングメモリ」が、人よりもちょっと多いか、少ないかの違いだけなのです。

あなたが、仮に「いつも作業効率が悪いダメ社員」だったとしても、ガッカリすることはありません。

誰でも、何歳からでも、ワーキングメモリは鍛えることができます。ワーキングメモリのトレーニングをしっかりと行っていけば、あなたも必ず「デキる社員」に変身することができるのです。

もしあなたが、最近仕事が立て込んでいる、休日に休めていない、疲労がたまっているといった状況だったとしましょう。そんな状況では、もともとワーキングメモリが高い人であっても、ワーキングメモリの一時的な低下を招いてしまう可能性があるので、注意する必要があります。

たとえば、朝、通勤の途中でコンビニに寄ったとします。左手にあるコンビニは、レジ2台態勢でそれぞれのレジに5、6人の行列ができています。右手にあるコンビニは、レジ4台態勢で、ほとんど列はありません。あなたは、どちらのコンビニに入りますか？ 朝の急いでいる時間帯ですから、レジ4台態勢の明らかに回転率がいいコンビニに入ると思います。

列に並んだお客さんの精算をして、次々とさばいていく。まさに、このコンビニのレジこそが、ワーキングメモリと考えていいでしょう。脳に入ってきた情報を、要領よく処理する場所がワーキングメモリですから、コンビニにおけるレジに相当するわけです。

ワーキングメモリの容量が多いほど、情報は速く、的確に処理されます。

コンビニで稼働しているレジが多いほど、お客さんの流れがスムーズであるように、

ワーキングメモリも多いほど、情報処理のスピードが速くなり、仕事をスピー

ディーにこなせます。その結果、仕事の流れも速くなります。

コンビニのレジが少ないと、明らかに時間がかかるし、処理できる情報も少なくなります。レジ打ちの店員さんも、いっぱいいっぱいになって接客が手薄になり、打ち間違いなどのミスを起こす可能性もあるでしょう。脳内でも、情報を最初に迎える入り口であるワーキングメモリがいっぱいになると、ミスが起きるのです。

ミスなく、高速で情報を処理し、インプットしていくための最も重要な対策が、ワーキングメモリの容量を高めることなのです。

ワーキングメモリのキャパシティ

それでは、私たちのワーキングメモリのキャパシティは、どのくらいあるのでしょう？つまり、私たちの脳の中には何台のレジが稼働しているのか、ということです。

一昔前は、「マジカルナンバー7」ということが言われていて、「7」という数字が注目を集めていました。電話番号のような数字の羅列を記憶する場合、7桁か8桁までは覚えられるものの、それを超えると、記憶があいまいになると思います。

たとえば、あなたの奥さんから携帯に電話がありました。「今日の夜、すき焼きをするので、牛肉、シラタキ、卵を買ってきて」と言われました。電話を切って、メモ帳を開いてメモをとるまでに3個の品物を忘れる人はいないでしょう。

では、次のような場合はどうでしょう。「今日の夜、すき焼きをするので、牛肉、シラタキ、白菜、長ネギ、豆腐、春菊、卵を買ってきて」と言われたとしたら……。電話を切って、メモ帳に書こうと思い出そうとしても、7個すべてを復唱することはかなり難しいと思います。

ワーキングメモリの容量は、実験するときの課題の負荷のかけ方によって変化するものです。たとえば「物品の名称」を記憶する場合などのように、脳への負荷が大きくなると、私たちの記憶できる量は、7よりかなり少なくなります。

最近の研究では、ワーキングメモリのキャパシティは、「3」前後と言われています。「3」まではほとんどの人が確実に記憶できますが、「5」を超えると途端に記憶が怪しくなり、頭が真っ白になる人も出てきます。

電話番号も、●●●-××××-■■■■のように11桁を記憶しているようで、「●●●」「××××」「■■■■」のように、3つのチャンク（かたまり）ごとに記憶しています。私たちは、このように無意識のうちに、実は「3」というワーキングメモリを使って記憶しているのです。

研究者の間でもいくつか説があり、また個人差もあるものの、ワーキングメモリのキャパシティが「3」というのは、とても説得力があるように感じます。そこで、もろもろの学説はありますが、本書では以下、ワーキングメモリのキャパシティは「3」という数字で統一します。

つまり、私たちの脳の中には3台のレジが稼働していて情報処理をしています。これは、平均して「3台」ということですから、仕事を他の人よりも要領よくこなせる人は「4台」かもしれません。ミスが多い人は、「2台」の可能性もあります。

また、普段は「3台」態勢でも、脳疲労の状態になると「2台」態勢に減ってしまいます。「うつ病」の状態では「1台」態勢となるので考えがまわらず、堂々めぐりばかりするようになるのです。

わかりやすく整理しましょう。**絶好調→4台、健康→3台、脳疲労→2台、うつ病→1台。**こんなイメージです。あなたが今、健康な状態、つまり3台態勢であるならば、

4台態勢にして仕事効率をアップさせるべきです。あなたが今、もし脳疲労の2台態勢の状態であるならば、疲労を回復して「健康」状態の3台態勢に持っていくべきです。

レジの台数を増やしたいとき、実際のコンビニでは、「鈴木さん、レジに入ってください！」という店長の一言で、レジの稼働台数は瞬時に増えます。同じように、脳内レジの台数を簡単に増やすことは可能なのでしょうか？

答えは「YES」。**あなたの脳内レジ数が仮に2台だとしても3台、4台に増やすことは可能です。**

ここからは、脳の処理能力を向上させるためのワーキングメモリを増やす方法、あるいは、ワーキングメモリを増やさずとも、既存のワーキングメモリをフル活用する方法を紹介していきます。

ワーキングメモリを鍛える9つの方法

ワーキングメモリを鍛える方法はいろいろありますが、それらの中でも科学的根拠に基づいた実践法を厳選して、9つのメソッドをお伝えします。

（1）睡眠

まず、**自分が持っているワーキングメモリが100％の力を発揮するためには、必要な睡眠時間（7時間以上）がきちんととれていることが必須です。**

医師を対象にしたある研究によると、睡眠不足の医師は、十分な睡眠をとった医師と比べて、業務を完了させるのに14％長く時間がかかり、ミスをする確率は20％以上高かった、という結果が出ています。睡眠が不足すると、ワーキングメモリ、そして注意力、記憶力、学習機能、実行機能など、多くの認知機能が低下してしまい、きわめて集中力が低い状態に陥ります。そうした認知機能の低下は、睡眠時間が6時間を切ると明らかに現れますので、注意が必要です。

（2）運動

運動は、ワーキングメモリを強化します。**ワーキングメモリに限らず、注意力・集中力、記憶力、学習機能など、多くの脳の働きを活性化し、認知症を予防します。**

つまり、運動は「最強の脳トレ」と言っていいでしょう。

脳のパフォーマンスが上がる運動は、有酸素運動と筋肉トレーニングの両方です。組み合わせることで、効果が最大化します。たった10分の散歩でも脳は活性化しますが、集中力や記憶力を根本的にアップさせたい人は、1回30～45分以上の中強度の運動を週に2、3回（合計で2時間以上）が推奨されます。

ワーキングメモリについての研究では、たった30分のランニングで、ランニング直後にワーキングメモリが向上しているという報告もありますから、運動はとても即効性のある方法と言えます。もちろん、何時間かすると元に戻りますが、3カ月以上の継続した運動習慣で集中力、記憶力、ワーキングメモリなどの能力は底上げされます。有酸素運動によって脳の神経を育てるＢＤＮＦ（脳由来神経栄養因子）が分泌され、脳のネットワークが強化するのです。

(3)自然に親しむ

「運動をする場合、どういうものがいいのか？」という質問はよくありますが、最新の研究では「木登りなど自然の中で運動する」「自然の中をはだしでランニングする」「山道を走るトレイルランニングをする」などが、ワーキングメモリを高める効果や、脳を活性化する効果が高いと注目されています。

自然の中を走れば、石ころがあるかもしれないし、木が倒れているかもしれない。そうした「危険」を素早く察知して、飛び越えたり避けたりするという判断や行動を瞬時に行わなければいけないことを意味します。

このように、**考えたり、判断したりしながら運動することが、脳のさらなる活性化につながる**のです。

あなたが毎日ランニングする場合、舗装された道を走るよりも、自然豊かな道や、緑豊かなコースを選ぶことで、脳をより活性化させる効果が期待できます。

また、ランニングでなくても、自然の中を歩いたり、散歩したりするだけでも、脳を活性化させる効果やストレス発散効果、リラックス効果などが得られることがわかっています。自然の中にいるだけで脳のトレーニングになるのですから、ぜひ、自然と親しむ時間を増やしてほしいと思います。

(4)読書

日本のワーキングメモリ研究における けん引役である、大阪大学・苧阪《おさか》満里子教授の、大学生50人を対象とした研究によると、ワーキングメモリの容量が多い学生は、「高い読解力」を有し、文章全体の論旨を把握する「文脈をとらえる能力」に長けていることがわかりました。

読書をするとワーキングメモリが鍛えられる、ということは以前から言われていますが、この研究から、実際に**ワーキングメモリと読解力は相関関係にあり、読書をして読解力が鍛えられれば、ワーキングメモリの鍛錬にもなる**、ということが明らかになったのです。

(5)記憶力を使う

何かを記憶したり、暗記したりする場合、否応なく、ワーキングメモリが使われます。ですから、**何かを意識的に暗記する、「記憶力」を使うということが、そのままワーキングメモリのトレーニングになります。**

英語を勉強している社会人はとても多いと思いますが、たくさんの新しい単語を暗記しなくてはいけない「外国語の習得」は、格好のワーキングメモリのトレーニングと言えるでしょう。

しかしながら、最近はスマホで検索すれば何でも瞬時に調べることができますから、「記憶力」を使う機会が、ものすごく減っていると言えます。

ですから、自分から積極的に資格試験や昇進試験、あるいは趣味の「検定」を受験するということも重要です。大人になっても勉強は続けていかなくてはいけません。「大人の勉強法」については、94ページで詳しく解説します。

(6)暗算

16＋59の答えは何でしょう？　暗算で計算してみてください。

1の位は、「15」で、「1」が10の位に繰り上がる。10の位は「6」なので、6＋1で7。「75」が答えということになります。この計算の過程で、いくつかの数字が脳のスペースに、「仮置き」されていないと計算することはできません。この数字が「仮置き」されている場所がワーキングメモリですから、**暗算によってワーキングメモリが鍛えられます。**

しかしながら、最近のスマホには「電卓」という便利な機能がついています。昔ながらの暗算ではなく、電卓に頼りたくなります。できるだけ電卓に頼らず、暗算でできるものは暗算するようにしないと、脳の老化はどんどん進んでいく危険性があります。

(7)ボードゲーム

チェス、将棋、囲碁などのボードゲームは、認知トレーニングとして非常に有効であることが知られています。ワーキングメモリのトレーニング効果もありますし、認知症の予防にも効果があるという研究もあります。

将棋をする場合、1手先、あるいは2、3手先を読むことが必要になります。「この手の次は、相手はこの手を指すだろう」というシミュレーションを頭の中の「将棋盤」で行っているはずですが、その過程でワーキングメモリが使われます。

将棋やチェスなどでは、高い集中力が必要とされますので、集中力のトレーニングになります。

(8)料理

パスタをゆでながら、野菜の皮をむいて、みじん切りにする。次にフライパンを加熱してソースを準備する。というように、料理は複数の作業を同時進行でこなしていく必要があります。次はこれ、その次はこれということで、複雑なプロセスと火加減などを同時に把握して、火をとめるタイミングなども判断しないといけません。ワーキングメモリがフル稼働で使われます。

料理をすることでワーキングメモリは鍛えられますが、料理のレシピを頭に入れておいて、料理中はレシピを見ないで料理すると、より脳のトレーニングになるといいます。

「最近、料理ができなくなった」「鍋を焦がすことが多くなった」「最近、料理の味付けがおかしくなった」といった行動から、認知症が発見される場合もあります。**料理は簡単そうで、複雑な「段取り」作業ですから、料理自体が脳のトレーニングになるのです。**

認知症のデイケア施設でも、「料理」は作業療法の最もポピュラーなメニューの一つとなっています。

脳トレという意味だけではなく、料理は楽しいし、夫婦や家族で一緒にやればコミュニケーションがとれるだけでなく、ストレス発散にもなるので、おすすめです。

図4　ワーキングメモリを鍛える科学的方法

1	7時間以上の睡眠
2	やや早足のウォーキングなどの有酸素運動
3	自然の中での運動
4	読書
5	暗記するなど、意識的に記憶力を使う
6	暗算
7	ボードゲームで認知トレーニング
8	料理で「段取り力」をつける
9	マインドフルネスで「今・この瞬間」に集中する

(9)マインドフルネス

あのGoogleが社内研修に取り入れたことで、すっかり知られるようになったマインドフルネス。マインドフルネスとは、「今・この瞬間」の自分の体験に注意を向けて、現実をあるがままに受け入れること。ストレス対処法の一つとして医療、ビジネス、教育などの現場で実践されています。

カリフォルニア大学サンタバーバラ校の研究では、48人の学生を対象に、マインドフルネスのトレーニング、もしくは栄養学の授業のどちらかを2週間受けてもらいました。実験が終わったとき、マインドフルネス・トレーニングを受けた学生は、ワーキングメモリに関する項目の得点が増加していました。それればかりか、実験後に受けた読解力テストの点数が、実験前の自身の点数だけでなく、栄養学を受講した学生と比較して、平均16％も伸びていたのです。

マインドフルネスについては、ストレスホルモンを抑制する効果や、前頭葉を活性化させる効果、そして、脳内物質・セロトニンを活性化させる効果なども報告されています。

I　タスク術

一点集中タスク術

「同時進行」が集中力低下のもと

脳の処理能力を上げるためには、ワーキングメモリを鍛える努力を続けていくことが重要です。運動や読書などさまざまな方法でワーキングメモリは鍛えられますが、短期間で目覚ましくワーキングメモリの容量を増やすことは簡単ではありません。

そのため、**当面は今の自分のワーキングメモリを効率的に使っていくことが、集**

中力と生産性を上げるための重要な課題となります。

これは、脳に負荷をかけない、脳のリソースを有効活用する、ということです。

そのためには、「マルチタスク」をしない、ということが重要です。

最近のパソコンは性能がいいので、このようなケースは少なくなりましたが、昔は、ソフトウェアを3つ立ち上げると、途端に処理速度が遅くなり、4つ目のソフトを立ち上げた瞬間に画面がフリーズしてしまう、ということがよくありました。

それと同様のことが、私たちの脳でも起こります。

一度に複数のことを処理しようとすると、脳の処理速度が遅くなり、余計に作業に時間がかかるだけでなく、脳の情報処理の許容量を超えた瞬間、ミスが発生してしまうのです。

同時に複数の仕事をこなすことを「マルチタスク」と言います。「マルチタスク」とは、「仕事に関するメールを打ちながら、大切な得意先との電話連絡をする」「企画書を作成しながら、部下から重要なプロジェクトの進捗具合の報告を聞く」などといったように、複数の仕事を同時進行する行為です。

最近の脳科学研究では、「人間の脳はマルチタスクができない」ということが明らかになっています。

たとえば、「ながら勉強」。テレビを見ながら勉強するというようなケースです。

この場合、「テレビを見る」のと「勉強する」という行為を同時進行しているわけではなく、すさまじいスピードで脳内のスイッチを切り替えながら、2つのタスク処理を行っているにすぎないのです。

こうした「切り替え」を何度も行っていると、脳に猛烈な負荷がかかるとともに、脳の処理能力も低下してしまいます。脳が疲れ、集中力も下がります。

たとえば、ロンドン大学の研究によると、作業中にメールや電話を確認するなどのマルチタスクを行うと、IQが10ほど低下する結果となりました。なお、この数値は、マリファナ（大麻）を吸引したときの約2倍に匹敵する、と報告されています。

その他にも、こうしたマルチタスクを続けると、ストレスホルモンが分泌されるという研究もあります。ストレスホルモンは、脳内で記憶を司る海馬に対して著しい悪影響を及ぼし、記憶障害の原因となります。

長期にわたってストレスホルモンが盛んに分泌されると、海馬の萎縮が起こりま

す。そして、ストレスホルモンが増えると、不注意やど忘れの原因にもなります。

また別の研究によると、1つの課題に集中して取り組めない場合、その課題を完了するのにかかる時間は50％も増えるということがわかりました。加えて、間違いをする確率も、最大50％も高くなるのです。

2つの似たような作業を同時に行わせた場合、効率の低下は50％ではなく、80〜95％も低下した、という研究報告もあります。

つまり、**マルチタスクをする場合、2つのことを別々に行う場合よりも時間がかかってしまうのです。さらに間違いやミスをする確率も1・5倍に跳ね上がります。**

私たちが日頃「早く終わらせよう」「効率的だ」と思って、ついついやってしまいがちなマルチタスク。しかし、仕事が早く終わることはなく、結局、余計に時間がかかってしまうのですから、時間の無駄としか言いようがありません。

脳に負荷をかけるマルチタスクは、それ自体が集中力を低下させる重大な原因になると同時に、ストレスホルモンを分泌させて脳疲労の原因にもなります。

仕事は同時にやらない、ひとつひとつ順番に片付けていくことが、集中力を高め、結局のところ最も効率がよいのです。

音楽を聴くと仕事がはかどる?

「マルチタスク」は仕事の効率を下げる、と言うと、「音楽を聴きながら仕事をするのもダメなんですか?」という質問を必ずされます。

「音楽を聴きながら仕事をしたほうが、仕事がはかどる」「勉強するときは、必ず音楽をかける」という人も多いでしょう。

仕事と音楽についての約200もの論文を分析した研究があります。それによれば、「音楽を聴くと仕事がはかどる」と結論付けている研究と「音楽を聴くと仕事の邪魔になる」と結論付けている研究の数は、ほぼ同じだったそうです。

それらの内容を細かく見ていくと、記憶力、読解力に対してはマイナスに作用し、気分や作業スピード、運動などに対してはプラスに作用することが多い、という結果になっています。

特に「歌詞」のある音楽は、言語情報として脳に認識されます。言葉同士がぶつかりあうので、学習、記憶、読解といった私たちの言語機能を妨害する可能性があります。

外科のドクターに話を聞くと、「手術中は自分の好きな音楽をかけたほうが集中できる」と言う人が少なくありません。それは、手術が「作業」という面も持っているからかもしれません。「流れ作業」のラインで音楽をかけて、作業効率をアップさせている会社もあります。手や体を動かす「作業」「運動」に関しては、音楽はプラスに働くようです。

音楽は、「学習」「記憶」「読解」などにはマイナスに、「作業」「運動」にはプラスに働きます。あなたの仕事がどのような内容なのかによって、音楽の効用は変わるのです。

デュアルタスクで能率アップ

「複数の仕事を同時進行するマルチタスクは脳に悪い」と述べてきましたが、一方で**「有酸素運動」と「脳トレ」を一緒に行う「デュアルタスク」に関しては、きわめて高い脳トレ効果が得られる**と、最近、精神科医の間でも注目を集めています。

デュアルタスクは、認知症や認知症予備軍である「軽度認知障害」のトレーニングとして高い効果を上げています。

具体的には、ウォーキングマシンや踏み台昇降をしながら、100から3を引き続ける計算をする方法や、2~3人でしりとりをしながらウォーキングする方法などが推奨されています。

この場合、デュアルタスクの課題としては、頭を抱えてしまうような難しい問題ではなく、「簡単な課題」のほうが効果があるそうです。一方で、**運動量としては「中等度」、つまり「やや、きつい」と感じるくらいが、高い効果を得られます。**

国立長寿医療研究センターでは、軽度認知障害の100人に対して、「運動+頭を使う」グループと「健康講座だけを受ける」グループに分けて半年間観察しました。

すると、「運動+頭を使う」グループでは脳の萎縮を防ぐことができ、さらに記憶力が改善したという結果が出ました。

2003年から大分県宇佐市安心院《あじむ》町で行われた認知症予防活動「安心院プロジェクト」では、デュアルタスク能力を上げる活動を定期的に行うことで、参加者の9割で脳血流量が上がり、軽度認知障害から正常に戻った、という効果が得られています。軽度認知障害から認知症に進行する率は、対照群の5分の1と、高い認知症予防効果も得られました。

つまり、「運動」＋「認知課題」のデュアルタスクを行うと、前頭葉の血流が増えるのです。前頭葉というのは、注意力・集中力、先ほど述べたワーキングメモリとも関連する脳の部位です。

ですから、**デュアルタスク・トレーニングは、認知症や軽度認知障害になった人だけではなく、集中力を高めたい健康なビジネスパーソンにとっても、効果的な脳トレといえます。**

たとえば、スポーツジムでウォーキングをしている人の中には、スマホで音楽を聴いたり、テレビを見たりしている人が多いのですが、さらに脳トレを考えるなら、「英会話の音声を聴く」「オーディブル読書」もいいでしょう。

最近では、歩きながら会議をする会社もあるそうですが、歩きながら考えごとをすると、非常にいいアイデアが浮かぶ、というのもよく言われることです。

私はよく、ジムでウォーキングマシンで歩きながら原稿をチェックしますが、非常にはかどりますし、机に向かっていては出てこないひらめきも得られます。

皆さんの中にも、30〜60分のウォーキングやジョギングを習慣にしている人は多いと思います。**単に運動するだけでも脳トレ効果は得られるのですが、そこに「頭を使う」**

（認知課題）を加えることで、さらに「脳トレ」効果が高まるのですから、デュアルタスク・トレーニングを活用しない手はありません。

11　メモ術「記憶」しないメモ術

書くことで脳の司令塔を活性化

「ミスを減らすために、メモを使おう！」というのは、昔から言われている方法です。しかし、その脳科学的根拠は何なのでしょうか？

「メモに書いておけば、あとから見直して、確認することができる」。確かにその通りなのですが、実はもう一つメモの重要な効用があります。

メモを書くことで集中力が高まるので、その瞬間の「聞き間違い」の可能性が減ります。加えて、記憶力も高まるので、メモを見なくても、そこに書いた内容を長い期間にわたって覚えている確率が高まるのです。

「メモを書くだけで集中力が高まる」と聞いて驚く方は多いかもしれません。その理由は、**「書く」ことによって、脳幹の網様体《もうようたい》賦《ふ》活系《かっけい》（ＲＡＳ）が刺激される**ためです。ＲＡＳとは、いうなれば、私たちの脳内における「注意の司令塔」です。ＲＡＳから大脳皮質全体にノルアドレナリン系、セロトニン系、アセチルコリン系神経が投影され、注意と覚醒をコントロールしています。

東海道新幹線、東北新幹線、その他多くの在来線の始発駅である東京駅のようなものとたとえれば、ＲＡＳの重要性がおわかりいただけるでしょう。

このＲＡＳは、私たちが処理する膨大な情報の中から、積極的に注意を向けるべきものと、そうでないものを区別するフィルターとしての機能を持っています。

たとえば、次回の会議の日程として「6月15日、14時から」と書くことによって、ＲＡＳが刺激されます。ＲＡＳは、「それは重要な刺激なので、注意しなさい！」という指令を脳全体に行き届かせます。つまり、「6月15日、14時から」は、重要な情報として脳内で強調され、他の情報と比べても、より記憶に残りやすくなるのです。

新聞記者が必ずメモをとる理由

人が言ったことを、3秒後にその内容を再生するように繰り返して言うことは誰でもできるはずです。しかし、30秒後になると、その内容はかなり怪しくなり、3分後になるとかなりおぼろげで、30分後にはほとんど忘れているかもしれません。

人間の記憶は、あいまいで不確かなものですが、そのあいまいさは時間とともに増幅していきます。つまり、「言われた直後」は最も正しく記憶している可能性が高いので、その情報をきちんと書き残しましょう。こうした「記録」の作業をしっかりと行うことで、ミスを限りなくゼロに近づけることができるのです。

新聞記者が取材をするときに、相手の話を聞きながら、メモ帳にキーワードを走り書きしている姿をよく見かけます。新聞記者であれば、当然、ボイスレコーダーで録音しているでしょう。あるいは、インタビューなどでは動画も撮影されます。これらの中で、「正確に記録する」という意味では、メモよりも音声や動画の記録のほうが、圧倒的に優れています。

それでも新聞記者は、いまだに手書きの「メモ」を重視しています。

私からすると、それは、「記録する」という目的よりも、「集中力を高める」ためにやっているとしか思えません。

おそらく彼らは、手を動かしているほうが脳が活性化することを経験的に知っているからこそ、デジタルでの記録が発達した今の時代も、手書きにこだわっているのではないでしょうか。

このように、**「書く」だけで集中力や記憶力が高まる**のです。だからこそ、「重要なこと」「間違ってはいけないこと」「忘れてはいけないこと」を見極めて、すぐにメモする癖をつけるべきなのです。

緩急をつけてメモをとる

セミナーや講演会で、「講師の発言を一言も聞き逃さないぞ!」という勢いでメモやノートをとっている人がいますが、「メモのしすぎ」には注意してほしいと思います。

なぜなら、脳のリソースは限られているからです。

ここで言うリソースとは、キャパシティ、容量のこと。脳が高い集中力を維持する時間は限られていて、コアな集中が維持できる時間は、15分といわれています。

先に述べたように、「書く」ことによって、脳幹の網様体賦活系を刺激できますが、何十分も続けていると、私たちの脳は疲れてしまいます。注意・集中の司令塔である網様体賦活系が疲れる、ということは「不注意な状態」「集中力が低下した状態」になることを意味します。

集中して話を聞くために「書く」はずが、何でもかんでも「書く」ことによって、逆に「集中力が低い状態」に陥るわけですから、これでは本末転倒です。

つまり、**メモをとる際には、「重要なポイントを見極めて書きとめる」ことが大切なのです。**「重要なこと」というのは、日時や場所、締め切りの期限など、間違えるとあとで大変なトラブルが起きるようなことです。

人の話を聞く場合、相手の言うことすべてに耳を傾け、記録し、記憶する、というのは不可能です。でも、なぜかその不可能をやろうとする人が多いように思います。

無理に過剰なメモをとると、脳を必要以上に酷使するので、脳の疲労がすすんでしまいます。

だからこそ、人の話を聞く場合は、緩急をつけて聞くようにしましょう。重要でない部分は聞き流すことも必要です。自分が知りたいこと、聞きたいこと、つまり、重要な部分だけ「メモをとる」ことによって、集中力は高まり、記憶に残りやすくなるのです。**くれぐれも、何でもかんでもメモをとろうとするのはやめましょう。**

「デジタル」よりも「アナログ」を選ぶ

「書く」ことで、集中力が高まり記憶に残りやすくなります。セミナーの受講生などにこの話をすると、

「デジタル機器への入力でも、『書く』効果が得られるのですか?」

という質問が必ず出ます。メモをとる場合、スマホのメモアプリを使っている人も多いでしょうから、気になるポイントなのでしょう。

これについては、大変興味深い研究結果があります。

プリンストン大学とカリフォルニア大学ロサンゼルス校の共同研究によると、大学生を対象に、普段の講義で手書きでメモをとる学生とノートパソコンやタブレットでメモをとる学生を比較したところ、手書きでメモをとる学生のほうがよりよい成績を出しただけでなく、長い時間にわたって記憶が定着し、新しいアイデアを思いつきやすい傾向にあることが明らかになりました。

その他、スタヴァンゲル大学(ノルウェー)とエクス・マルセイユ大学(フランス)の

共同研究では、手書きはタイピングよりも記憶に残りやすいことが示されています。

この研究は、被験者を「手書き」群と「タイピング」群に分け、20文字のアルファベットの文字列を暗記してもらう、というものです。3週間後、6週間後に、被験者がその文字列をどれだけ記憶しているかテストしたところ、「手書き」群のほうが高い成績を収めました。

また、手書き中とタイピング中の脳の働きをMRIでスキャンしたところ、手書き中の脳だけが、ブローカ野という言語処理に関わる部位が活性化していることも明らかになりました。つまり、タイピングでのメモ書きは、手書きの場合と比べて言語処理を行う脳の部位を活性化させない、ということになります。

これらの研究結果から、**「手書き」とパソコンの「タイピング」を比べると、手書きのほうが、脳を活性化させ記憶増強効果も高い、ということがわかります。**

結論として、「書く」場合は、デジタル機器を使うよりも、「手書き」のほうがより効果が高いと言えるのです。集中力を上げるためのメモ、という意味でも、「手書き」がおすすめです。

一元化してアウトプットする

「Ｇｏｏｇｌｅカレンダーを使っているので、いまさらアナログの手書きの手帳は使いにくいな」と思う人もいるでしょう。

Ｇｏｏｇｌｅカレンダーは、スマホとパソコンが連動していて、どちらで入力してもスケジュールに反映されますし、複数人でスケジュールを共有することもできて便利です。なので、デジタル派の方に、あえて「手書きに変えなさい」とは言いません。

どのような方法で情報を記録してもかまいませんが、**守っていただきたい鉄則が一つあります。それは、「いろいろな場所にいろいろな情報を分散して記録しない」ことです。**

「プライベートはこのアプリを使おう」
「仕事はこのスマホのアプリを使おう」
「いや、仕事でも、プロジェクト別にカレンダーを分けたほうがいいかな……」

そんなふうに、複数のカレンダーアプリを使っている人もいますが、記録場所が分散すると、それは間違いなく見逃しやミスの原因となります。

紙の手帳でも、スケジュール管理ソフトでもかまいません。どれか1つに絞ることでインプットを一元化して、メモやスケジュールを管理するということが大切です。

Ⅲ　情報収集術

タイムマネジメント情報収集術

スマホで調べた情報は記憶に残らない

電車内では、多くの人がスマホを見ています。10人中10人がスマホを見ていることもあります。さらに、「歩きスマホ」をしている人も非常に多く見られます。このように1日に何時間もスマホを使うと、どれだけすごい量の情報がインプットできるのでしょう？

ちょっと実験をしてみましょう。ここ1週間であなたがスマホを使って得た情報を、思い出せる限り書き出してみてください。ニュースサイトで見たニュース、ブログで読んだ記事などです。

さて、何個書けましたか？　おそらく、ほとんど思い出せないのではないでしょうか？　せいぜい3～5個くらい思い出せればいいほうです。

毎日3時間のスマホ利用で、1週間で3個しか覚えていないとすれば、7時間で1個の情報を得ていることになります。これほど効率の悪い情報収集術は他にないでしょう。

しかし、あなたが1週間前に読んだ本や、見たテレビ番組、映画の内容などは、かなり詳細に記憶しているのではないでしょうか。

1週間でスマホで得た情報を3個しか覚えていないとすれば、1カ月後には何も残らないでしょう。

多くの人は、「スマホは有益な情報収集ツール」と思っていますが、よっぽど上手に使わない限り、このように「時間の無駄遣いツール」にしかならないのです。

脳が疲弊する「スマホ認知症」に注意

なぜ、スマホで得た情報はほとんど記憶に残らないのでしょうか。それは、私たちが情報収集を「欲張りすぎる」からです。ニュースサイトやブログなどを次から次へと読んでいく。たくさんの情報を脳内に入れて満足するでしょうが、レジ3台のコンビニに100人の客が殺到すると処理不能になるのと同様に、あなたの脳のワーキングメモリはいっぱいになってしまって、脳の中に情報が入ってこなくなってしまいます。つまり、情報収集をしているつもりでも、情報はただ右から左へと抜けていってしまい、結果的に記憶が定着しないのです。

それに加えて、**スマホの使いすぎは「脳疲労」の大きな原因になっています。つまり、「スマホを使えば使うほど集中力が低下しやすくなる」というわけです。**

『その「もの忘れ」はスマホ認知症だった』（奥村歩著、青春出版社）によると、30～50代で、スマホの使いすぎによって「もの忘れ」「ど忘れ」につながる**「スマホ認知症」**が激増しているそうです。

「スマホ認知症」とは、過剰な情報インプットによって、脳内の情報をうまく取り出せない状態に陥り、脳内が「情報のごみ溜め」のような状態になることです。結果として、記憶力の低下に加えて、集中力、思考力、判断力、感情コントロール能力、そしてワーキングメモリなど、多くの脳機能が低下します。

さらに、スマホで検索すると何でもわかるので、自分で考えることがなくなり、脳の記憶に頼らなくなってしまう。つまり、**脳の「考える機能」や「記憶する機能」が退化してしまうのです。**

本章の冒頭で、「誰でも何歳からでも脳は鍛えられる」と書きましたが、スマホの使いすぎは、脳を鍛えるどころではなく、まったく逆に「脳を退化」させてしまう危険性があります。

実際、30〜50代で「スマホ認知症」になってしまった人は、20年後、30年後にアルツハイマー病などの本物の認知症を発症する可能性が高いのです。

このように、**スマホの使いすぎは「ワーキングメモリの機能を低下させる」「脳を疲労させる」「認知症の原因になる」といったさまざまな悪い状況を引き起こし、結果として脳の短期的なパフォーマンスや、人生の長期的な幸福度に対して悪影響を及ぼします。**

スマホの使いすぎで頭が悪くなる

仙台市教育委員会と東北大学が行った「『学習意欲』の科学的研究に関するプロジェク

ト」によると、スマホの使用時間が1時間増えるごとに、数学、算数の成績が約5点減るという結果が出ています。こうしたデータを見ると、「スマホを使う時間が長くなると相対的に勉強時間が減るから成績が下がるのではないか」という反論が出ますが、そうではありません。

この研究では、勉強時間を「30分未満」「30分以上〜2時間未満」「2時間以上」の3グループに分けて分析していますが、勉強時間が同じそれぞれのグループにおいて、スマホの使用時間が増えるほど成績の低下が認められました。

また、同研究ではLINEと成績の関係を調べていますが、LINEを使用するとより成績の低下は深刻である、という結果が出ています。

興味深いのは、**勉強を2時間以上しているグループでも、LINEを4時間以上すると成績が著しく下がる**、ということです。

勉強時間2時間以上、LINE4時間以上の生徒の点数が約49点であるのに対して、勉強時間30分未満でLINEをしない生徒の平均は59点。LINEをしない生徒は、勉強時間が短いにもかかわらず、10点も高い成績を出したのです。

要するに、スマホやSNSを長時間使用するといくら勉強していても成績が下がる。

スマホやSNSの長時間の使用が、せっかくの勉強した効果を無効化することが示されたのです。

この研究の監修者でもあり、脳トレの第一人者、東北大学の川島隆太教授は、テレビ視聴やテレビゲームを長時間行うと、そののちの30分〜1時間、前頭葉が機能低下した状態が続き、それと同様の状態がスマホの長時間使用でも起こり得る、と述べています。前頭葉の機能が低下した状態で必死に勉強しても、その間の学習効果が得られない、ということが、この実験結果からわかります。

時間を決めて情報を集める

「スマホは脳に悪いので使ってはいけない！」とは言いません。

先の「『学習意欲』の科学的研究に関するプロジェクト」で、スマホを「まったく使わない生徒」と「1時間未満使う生徒」を比べたところ、なんと「1時間未満使う生徒」のほうの成績が2〜5点よかったそうです。

つまり**スマホは、時間を決めて上手に活用すれば、時間短縮や仕事の効率化に役立つ**ものなのです。利用時間としては、「2時間以下」が一つの目安になります。

Ⅳ　勉強法

①学びを欲張らない「舌切り雀勉強法」

「メモ魔」ほど理解が浅い

私は、1カ月に数回、セミナーや講演会を開催しています。その受講生を見ていると、ものすごい勢いでメモをとっている方がいます。

私の話を「一言も聞き逃さないぞ！」と言わんばかりの雰囲気で、すごい勢いでメモをとっています。

セミナーの最後の質疑応答セッションで、誰からも質問の手が挙がらなかったので、私はその「猛烈メモ郎」さんを指名して、「質問はありませんか?」と直接、聞いてみました。あれほど必死に、そして詳細にメモをとっていたんだから、さぞかし「深い質問」をしてくれるのではないかと思ったのです。

「猛烈メモ郎」さんは言いました。

「特にありません」

ガクッ。あれだけ必死にメモしていたのに、質問の一つもないとは……。質問がないということは、「学びがなかった」のと同じです。学びがあれば、それに伴い疑問や質問が出てくるはずです。

こういった人は、どこの会場にもいらっしゃいますが、懇親会などで直接話してみると、どなたもセミナー内容の理解度が低いのです。

あなたの会社にも、会議で一言一句聞き逃すまいと、必死にメモをとっている人がいませんか？　そうした人に限って、ポイントのズレた発言をしたり、言葉尻に引っかかって、上司の真意を理解していなかったりするものです。

インプットしたはずなのに、記憶されていない。インプットしたはずなのに、間違って理解している。理解が表面的で、本質的な理解ができていない。これは、脳の能力の引き出し方を誤解している人の、よくあるパターンです。

インプットは欲張らない

なぜ、メモをたくさんとるほど、学びが少なく、理解も浅くなってしまうのでしょう？

それは、「書くこと」に没頭しているからです。つまり、脳のキャパシティのほとんどを、「書く」で消費しているために、「理解する」「考える」に費やす余力が残っていないのです。ただ、講義内容を「書く」だけの、筆記マシンになっているということです。

驚かれるかもしれませんが、**「聞き漏らさないようすべてをメモしよう」と学びを欲張れば欲張るほど、学びは少なくなってしまうのです。**

そう、学びは欲張らないほうがいいのです。私は、これを「舌切り雀勉強法」と呼んでいます。

皆さん、『舌切り雀』という昔話をご存じですか？

昔々、あるところに、優しいおじいさんと意地悪なおばあさんがいました。ある日、ケガをした雀をおじいさんが助けたのですが、それに嫉妬したおばあさんが腹いせに雀の舌を切ってしまい、外に逃がしてしまったのです。

おじいさんが山に雀を捜しに行くと、雀のお宿があり、おじいさんは歓迎され、お土産に大小2つのつづら（かごの一種）を差し出されました。おじいさんは、自分は年寄りだから、と小さいつづらだけ持って帰りました。するとその中には財宝がたくさん入っていました。

それを聞いた強欲なおばあさんは、雀のお宿に押し入り、大きなつづらを持って帰ります。開けると、中から怪物が出てきました……。そんなお話です。

「強欲な人は、バチがあたる」

これがこの物語の教訓なのですが、情報のインプットにも同じことが言えるのです。

たとえば、コンビニに一度に100人のお客さんが押し寄せたら、レジ4台態勢で処理しても、レジに人が並びきれなくなって、店内はパニック状態になります。

人間の脳は、一度に処理できる情報量に限りがあります。それを超えると、脳の交通渋滞が起きます。情報がまったく流れなくなるのです。**「すべてを聞き逃さないぞ！」と意気込むほどに、脳の交通渋滞は激しくなり、何も学べない状態に陥ります。**

そのときに聞いた内容は頭に入ってこないので、重要なポイントでも「聞き漏らし」やあとから「覚えていない」ということが起こってしまうのです。

くれぐれも、インプットは欲張らないようにしましょう。

IV 勉強法 ②3ポイント勉強法

「3」を意識して学びを最大化

欲張りすぎると、結局何も学べない、ということをお話ししました。では、どのくらい「欲張らない」のがベストなのでしょう?

セミナー、講演で私がいつも使うアンケート用紙があります。その一番上の欄には「今日、学びたいことを3つお書きください」と書かれています。これを、セミナー、講演の最初に、1分ほど時間をとって書き込んでもらうのですが、そうすると学びの効率が最大化するのです。

アンケートの次の項目には、「本日の気付きを3つお書きください」と続きます。参加者のほとんどが「3つの気付き」を、しっかりとした自分の言葉で書いてくださいます。

私が「3ポイントアンケート」を使い始める前は、「今日、学びたいことをお書きください」「本日の気付きをお書きください」という表現を使っていたのですが、ちっとも書いてくれないし、アンケート自体の提出率も低い。そこでなんとか、もっと書いてもらいやすいアンケートの形式はないのかと、さまざまな試行錯誤の上で完成したのが、この「3ポイントアンケート」なのです。

セミナーや講演は、「3つだけ、気付きを持って帰る」という姿勢で聞くと、学びは最大化します。

たとえば、私の『神・時間術』（大和書房）出版記念講演会に参加されたAさんは、

1　もっと、時間を効率的に使うヒントを知りたい
2　時間短縮だけではなく、「仕事の質」もアップさせる方法を知りたい
3　家族と過ごす時間を増やしたい

と、3つの「目的」を書きました。

このように、「3つの目的」を書いておくと、講演の中で、話がこの自分の「目的」に

マッチした内容になったときに、「これは、自分が知りたかった内容だ！」と、集中モードに入り、しっかりとその内容を理解、記憶することができるのです。最終的に、「3つ」の気付きを確実に持って帰ることができます。

2時間、3時間のセミナーや講演で、最初から最後まで集中力をフルで維持することは不可能です。「一言一句聞き逃さない！」という姿勢は、「最初から最後まで、集中力マックスで聞くぞ！」ということと同じです。それは最初から無理な話で、「全部学ぼう！」と思うほど、後半の最も重要なポイントにさしかかったときに、脳は疲労し、集中力が低下して、肝心なポイントを聞き逃すハメになります。

すでにお伝えしたように、脳内のレジは3台です。つまり、それは人間にとって、同時に考えるものは3つが精いっぱい、ということです。それ以上のことに注意を向けると、ワーキングメモリはオーバーフローを起こしてしまい、急激に処理能力が低下してしまいます。

ですから、「3つのポイント」だけを念頭に置きながら話を聞いていくのが、脳科学的にも理にかなった方法と言えます。

今日の話から「全部持って帰ろう」「10個持って帰ろう」と欲張るほどに、脳は機能停止を起こします。

「3つだけ、気付きを持って帰る」。これが、学びの効率を最大化する、脳がインプットの渋滞を起こさない勉強法と言えます。

Ⅳ 勉強法 ③大人のための「脳活性化勉強法」

資格試験で脳が劇的に冴える

ビジネスパーソンが、脳をフル回転させる習慣を身につけたり、**ワーキングメモリや記憶力、集中力を鍛えたいなら、強くおすすめしたいのが「資格をとる」ことです。**

実は私は、2014年からの3年間で「ウイスキー検定2級」「ウイスキー検定1級」「ウイスキー検定シングルモルト級」「ウイスキーエキスパート」「ウイスキープロフェッショナル」という5つのウイスキーの試験に合格しました。

近年はウイスキーブームということもあり、また以前からウイスキーが好きだったこともあって、最初は興味半分の受験でしたが、勉強して合格すると楽しくなってしまい、どんどん難しい試験に挑戦し、結果としてウイスキー資格の最難関である「ウイスキープロフェッショナル」にまで合格しました。

「ウイスキープロフェッショナル」とは、ウイスキーのソムリエのようなものです。筆記だけではなく、テイスティングの試験もあり、日本で200人ちょっとしか合格者がいない、という難しい資格です（2017年当時）。

「ウイスキープロフェッショナル」を受験したとき、試験勉強は1カ月前から始めて、1週間前になると1日6時間、最後の3日間は1日あたり12時間勉強しました。暗記ものの勉強を、1日12時間もしたのは、大学を卒業して以来初めて。実に、25年ぶりのことでした。

ウイスキーの資格をとって役に立つのか、というと、直接的には役に立っていません（笑）。しかし、数年にわたって、これだけの勉強をしてきたことで、自分の中で大きな変化が表れました。

それは、「頭がよくなった！」ということです。IQ検査をしたわけではないので、あくまでも実感値ではありますが、試験勉強をする前と比べて、明らかに**頭の回転が速く**

なり、集中力の持続時間も以前より長くなり、頭がキレキレの状態となって現在に至ります。

「本当かな?」と思う人もいるでしょうが、私の自己成長は、私の本の売り上げが証明しています。私は2014年までに20冊、本を執筆していましたが、最大の売り上げは3万部でした。

2014年の12月にウイスキー検定2級を受験。そののちに執筆を開始した『読んだら忘れない読書術』(サンマーク出版)は、自己最高を大幅に上回る15万部の大ベストセラーとなりました。さらに、そののちに出版された『脳を最適化すれば能力は2倍になる』(文響社)、『神・時間術』(大和書房)と、ベストセラーを連発できるようになったのです。

私の『読んだら忘れない読書術』以後の本と、それ以前の本を読み比べていただければ一目瞭然ですが、文章のレベル、本としての完成度がグンと高まっています。

この短期間の飛躍的な自己成長を自分なりに分析すると、ここ数年、ウイスキーの資格試験のために、定期的に猛烈に勉強していたことが、その大きな要因ではないか、と思うのです。それによって、集中力も高まり、頭がキレキレの状態で執筆できるようになり、結果としてわかりやすく、内容も深い本を書けるようになり、ベストセラーを連発できています。

正直、以前の私は検定とか資格試験をバカにしているところがありました。「検定といっても、主催者が儲かるだけなんじゃないの?」「留学する予定もないのにTOEICの試験を受けてどうするの?」といった調子でした。

しかし、いざ自分で資格試験を受けてみると、**その「資格」そのものはまったく活用できなくても、試験勉強による脳トレ効果によって、脳が劇的に活性化することを実感したのです。** 資格試験は最高の脳トレです。最近では、検定や資格試験の受験を、いろいろなところでおすすめしているほどです。

特に、40代、50代、あるいはそれ以上の年代で、記憶力や集中力に衰えを感じる方に、検定や資格試験の受験といった、「大人の勉強」を強くおすすめします。

暗記で認知症リスクが減少する

ある研究では、**大人の勉強はワーキングメモリのトレーニングになる**ことを報告しています。中でも特に語学の勉強などは、覚えることが非常に多く、単語の暗記などではワーキングメモリを酷使しますから、格好のワーキングメモリ・トレーニングになります。

40歳を超えると、脳の衰えを自覚します。ど忘れ、もの忘れなど記憶力の低下。あるいは、集中力の低下。脳の機能低下は、何もしないとどんどん進行してしまいます。しかし、記憶力や集中力が高まる「大人の勉強」をすれば、それらを防ぐことができるのです。

「受験」という「制限時間」がつくことで、「受験日までに集中して勉強しなくてはいけない」というプレッシャーが、集中力を否応なしに高めます。

この「大人の勉強」の効果は、他に脳科学的にも多くの根拠があります。

認知症については昔から多くの研究がされていますが、認知症の危険因子の研究で、世界的に見ても**「学校教育を受けた年数が短いほど、アルツハイマー病や、その他の認知症のリスクが増大する」**という研究結果が数多く出ています。逆を言えば、「教育を受けた年数が長いほど、認知症になりづらい」ということです。

これは、「認知的予備能力」という考え方で説明されています。脳内で認知症に関連する変化（神経細胞の死）が起こった場合でも、認知的予備能力が高いと、脳がニューロン間の代替経路を使用することができるからです。

今までの人生で蓄えてきた情報、知識、経験が豊富であれば、脳が多少ダメージを受けても、過去の経験値で補うことができるので、認知症を発症しにくいのです。

「自分は学歴が低いから、認知症になりやすい」と落ち込む人もいるでしょうが、その心配はありません。教育といっても、学校教育に限ったものではありません。**社会人になってから「大人の勉強」を通して、情報、知識、経験を増やすことでも、「認知的予備能力」は高まります。**

678人の修道女の人生と脳を対象に、老化を多角的に研究した「ナン・スタディ」という研究があります。この研究では、修道女（nun、ナン）たちの自叙伝にみられる青年期における語彙《ごい》の豊富さと、60年後のアルツハイマー病の発生には密接な関係があると結論付けられています。

また、100歳を超えたある修道女の脳を解剖して、病理的に調べたところ、アルツハイマー病に特徴的な病理所見が現れていたにもかかわらず、認知症の症状がまったく現れなかったケースも報告されています。彼女は生前、非常に知的能力が高かったのです。

このことからもわかるように、**大人になってもきちんと勉強して、「認知的予備能力」を高めておけば、100歳を超えても、脳をイキイキとした状態で保つことが**

できるのです。

近年の検定ブームで、さまざまな資格や検定が世の中にあふれています。お酒だけでも、ウイスキーからビール、ワイン、日本酒、焼酎、ラム、テキーラ。「食」に関するもので言うと、和食、パン、チーズ、デザート、野菜、フルーツ、寿司、カレーなど。その他、アロマやダイエット、漢字、英語をはじめとした語学の試験など、すべて合わせると数百はあるでしょう。自分の趣味や興味の延長、「好き」「楽しい」と結びつけて勉強することで、楽しく継続しながら、集中力、記憶力を鍛えることができるのです。

「大人の勉強」、ぜひ、あなたもチャレンジしてほしいと思います。

PART 1
アクションプラン

- 「集中力低下の3大原因」の一つであるワーキングメモリの低下は、「睡眠」「運動」などの9つの習慣で防止する。
- 「マルチタスク」は脳に悪影響。「運動」と「脳トレ」を組み合わせる「デュアルタスク」は脳に好影響。
- メモをとるときは、重要なポイントだけに絞り、手書きでとる。メモをする場所は1カ所にまとめる。
- 資格試験などの勉強で、脳が活性化する。
- 「3」を意識して情報を関連付けすると、効率的に覚えられる

PART 2
出力

脳力を引き出せば、仕事の「スピード」と「質」は上がる

気持ちいいほどタスクを消化できる方法

仕事の実に９割を占める、脳から情報をアウトプットするプロセス「出力」。「時間術」「TO DO リスト術」「スケジュール術」などを少し変えるだけで、私たちの脳のギアは加速します。

仕事の9割は「出力（アウトプット）」

「出力」（アウトプット）とはそもそも何でしょう？

情報を脳に取り入れるのが「入力」（インプット）です。そして、その情報を元に、「思考」「整理」などといったかたちで、脳の中で情報が加工されていきます。そのあとの、**「話す」「書く」「行動する」などのすべての動作が「出力」（アウトプット）になります。**

取引先との商談、社内の会議、飛び込み営業、プレゼン、パソコンを使った資料作成、講演の原稿執筆……。いわゆる、手や口を動かして「仕事をする」ことは、すべてアウトプットです。

集中力を高めることが、あなたのアウトプットに与える影響は計り知れません。

集中力が高まると、私たちは情報をより正確に処理することができます。その結果、仕事のミスが減り、手戻りなく、一発でタスクをクリアしていくことが可能になるのです。

ミスが少なくなれば、仕事における手戻りや修正作業が減少します。結果的に時間の浪費を減らすことにつながります。

そして浮いた時間で、心に余裕を持ちながら他の仕事を消化することができ、ますます集中力と生産性が高まります。**ミスを減らすことで、好循環に入ることができるのです。**

その逆に、集中力が低い状態でアウトプットをするとミスが発生します。他の仕事に取り掛かっている最中に、ミスが発覚して、手戻りを処理するために作業を中断しないといけません。その結果、効率と集中力がますます落ちるという悪循環に入ってしまうわけです。

ここからは、あなたが仕事の好循環に入り、ミスなく質の高いアウトプットを続けるための、集中力の使いこなし方を紹介していきます。

①ウルトラディアンリズム時間術

「覚醒度のリズム」に乗る

人間は、90分単位で覚醒度、注意力と集中力のリズムを刻んでいます。

たとえば、車を運転していて、猛烈な眠気に襲われたことはありませんか？　ガムを噛んでも、コーヒーを飲んでも、ホッペタをつねっても効果はありません。

そんなとき、近くのサービスエリアに車をとめて、たった10分休憩しただけで、さっきまでの眠気が嘘のようになくなり、頭がスッキリすることがあります。あの猛烈な眠気が、嘘のように消えてなくなっているのです。

人間の覚醒のリズムは、覚醒度の高い状態が約90分続き、そののち、覚醒度の低い状態が約20分続く。それが、1日で何度も繰り返されています。このリズムは、

ウルトラディアンリズムと呼ばれます。

覚醒度の高い状態とは、注意力・集中力が高い状態で、ミスを起こしにくい状態のことです。

逆に、覚醒度の低い状態とは、眠気が強く、注意力・集中力が低い、ミスを起こしやすい状態です。車の運転であれば、自動車事故を起こしやすい状態と言えます。

先ほどの、運転中に訪れる強烈な眠気は、ウルトラディアンリズムの底辺の部分（覚醒度が最も低い部分）と考えられます。強い眠気とともに、注意力・集中力は最低レベルまで下がっているので、突発的な状況に対応できないのです。

こうしたときには、事故を起こす確率が非常に高いので、すぐに車を停車して休憩すべきでしょう。

休憩といっても、何十分もする必要はありません。5分でもいいし、10分でもかまいません。

休憩すると、覚醒度は上昇に転じて、眠気もすぐになくなっていきます。ウルトラディアンリズムは、生物が持つ動かしがたいリズムですから、あらがうのではなく、このリズムに合わせて仕事をすべきです。

90分集中して、注意力が散漫になってきたり、眠気が出てきたら、15分ほど休憩を入れる。休憩をしないで仕事を続けると、ミスを引き起こす確率が飛躍的に高まってしまいます。

ウルトラディアンリズムは、90分プラス20分、と言いましたが、個人差がかなり大きいことが最近の研究でわかっています。プラスマイナス20分の誤差、70～110分と、人によってはかなりの差がありますので、あまり「90分」にこだわる必要はありません。**90分前後の仕事を続けると、脳のパフォーマンスは必ず下がってミスしやすい状況になるので、きちんと休憩を挟もう**、ということです。

このウルトラディアンリズムの底辺の時間帯に、仮眠をとるのもいいでしょう。眠気が強いので、短時間でも深い睡眠に入りやすく、5分、あるいは15分といった短時間の仮眠でも、脳と体の疲労回復に非常に大きな効果が得られるからです。

1 時間術 ②時間帯・曜日決め打ち時間術

「ミスの魔の時間帯」に作業しない

ミスを減らすのは意外と簡単です。24時間、365日、常にミスが起き続けるわけではないからです。ミスが起きやすい時間帯や曜日というものがあります。それは、「ミスの魔の時間帯」と言ってもいいでしょう。

一方で、集中力が高く、ミスをする確率がきわめて少ない時間帯もあります。ミスをしては困るような重要な作業は、集中力の高い、ミスしにくい時間帯に行うようにしましょう。そして、**集中力が非常に低下する「ミスの魔の時間帯」には、決して行わないようにしましょう。**

このような、ちょっとした集中力の時間特性を知って「時間配分」するだけでも、ミスはかなりの割合で防ぐことができます。

1日の中で最も集中力が下がる一番の「ミスの魔の時間帯」。それは、「未明」です。明け方、午前3～5時頃、徹夜をした経験のある方は、この時間帯に作業をしたことがあるでしょう。

この時間帯は、もちろん強い眠気に襲われます。集中力も極端に下がりますから、普段では絶対にしないような重大なミスが起きる可能性が高いのです。

スリーマイル島原発事故、チェルノブイリの原発事故、スペースシャトル・チャレンジャーの事故など、多くの重大事故が、この時間帯の不注意によるミスが原因で生じたことが、その後の事故調査報告で指摘されています。

人間にとっては、本来寝ている時間帯なので、1日の中での睡眠、覚醒のリズムからみても、認知機能が最も低下するのです。ですから、どれだけ注意を払っても、ミスを防ぐのは無理な話です。

徹夜で完成させた資料。最後に「保存」するのを、誤って「削除」してしまった。なぜかバックアップも残っていない……。という話はよくあります。徹夜で明け方まで仕事をしても、大きなミスをしてしまっては、それまでの努力も台無しというか、むしろマイナスになってしまいます。**徹夜での仕事というのは、「ミスを減らす」という視点から**

も、また適正な睡眠時間を確保するという意味においても、まったくおすすめできません。

ミスをしやすい時間帯・曜日は避ける

ウェブサイト「はたらこねっと」が行った、510人に対する「失敗談」に関するアンケート調査で、興味深い結果が出ています。**「失敗をしてしまうのはどんなときですか？」という質問に対して、最も多かった時間帯は、「午後（14〜16時）」が40％と圧倒的多数を占めました。**

また、**最も多かった曜日は「月曜日」（25％）、次いで「金曜日」（19％）。最も少なかったのは、「火曜日」（5％）です。**

14〜16時というのは、昼食の満腹感と仕事の疲れが重なって、ちょうど眠気が出てくる時間帯でもあります。この時間帯は、明らかに集中力が低下しますので、絶対にミスが許されないような重要な仕事は避けるべきでしょう。

1日の中で集中力の高い時間帯は、間違いなく午前中です。ですから、ミスをしてはいけない重要な仕事、高い集中力を要する骨太な仕事は、午前中に終わらせる。午後には持ち越さない。それだけで、仕事の効率は大きくアップします。

さらに、曜日で見ると失敗の4分の1は月曜日に起きるといいます。これは、かなり高い確率です。土日に昼まで寝ていたせいで体内時計がずれてしまった、週の始まりなのでまだ仕事が本調子でない、もしくは、休み明けで仕事がたまっていて仕事量、作業量が多いということもありそうです。

一方で、「火曜日」の5％というのはとても低い数字です。火曜日に失敗することはめったにない、と言っていいでしょう。

したがって、ミスが許されない重要な仕事は、「月曜日」「金曜日」を避けて、できるだけ「火曜日」にやるようにしましょう。集中力高く仕事ができる曜日が「火曜日」だと言えます。

I 時間術

③脳が目覚める「ゴールデンタイム時間術」

面倒な仕事は朝一で終わらせる

ミスの多い時間帯は、午前3時前後と午後3時前後。「ミスしてはいけない仕事」をこの時間帯にすべきではない、ということはわかったと思いますが、では「ミスしてはいけない仕事」は、何時にするのがベストなのでしょう?

答えは、朝9時です。つまり、一般的な企業の始業開始と同時です。朝起きてから2〜3時間を脳のゴールデンタイムと言います。朝起きると、睡眠によって脳の中がきれいに整理された状態になっています。これは、何も載っていない「まっさらな机」のような状態です。

そして、朝一の脳はまったく疲れのないイキイキとした状態です。つまり、**朝の「脳のゴールデンタイム」の状態が、1日の中で最も集中力が高いのです。**ミスをしに

図5　時間帯別の集中力の変化

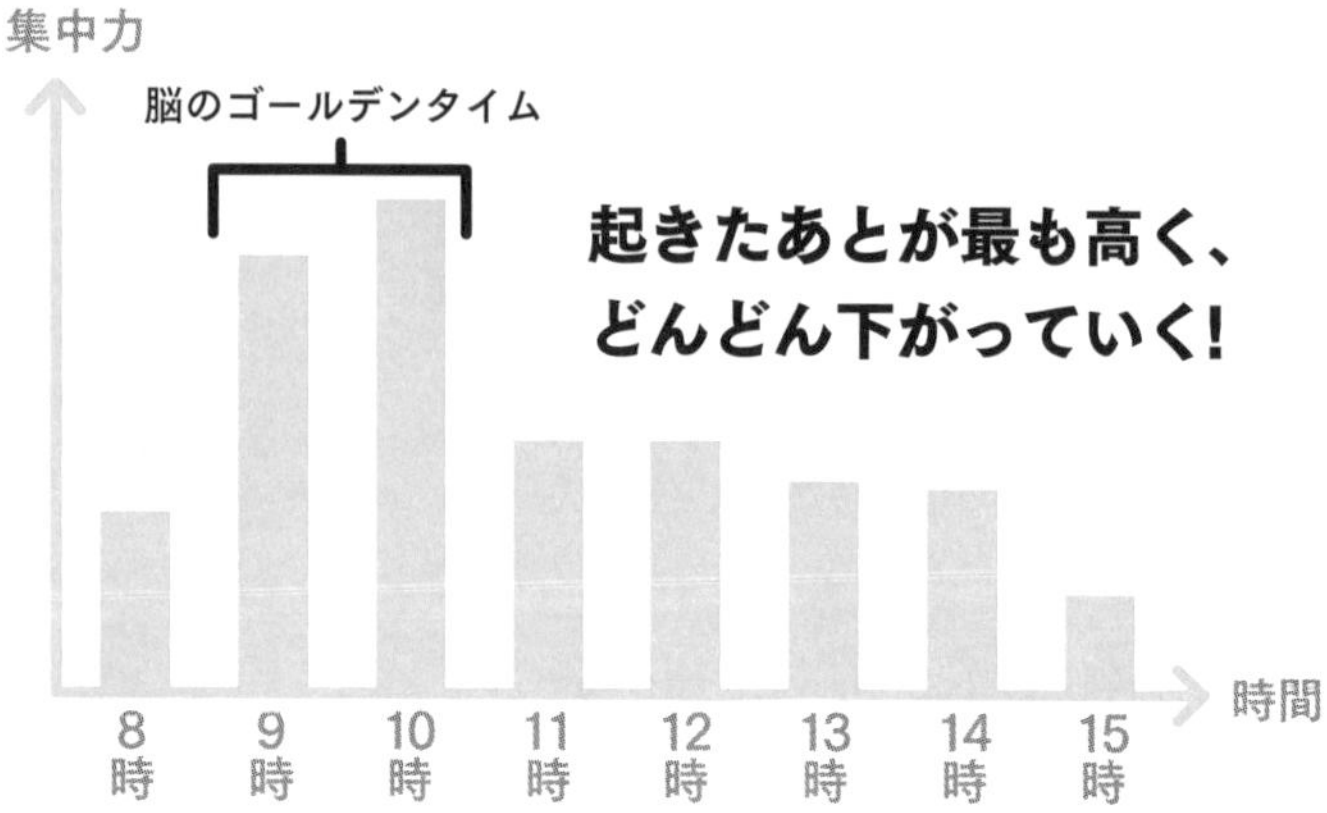

※JINSユーザー500人のデータを基に作成

くい時間帯と言えるでしょう。

ですから、1日の中で最も「ミスしてはいけない仕事」は、始業開始と同時に全力で取り組んで、さっさと終わらせるべきでしょう。

なぜならば、「脳のゴールデンタイム」は起床後2〜3時間しかないからです。朝7時に起きる方は、せいぜい午前10時ということになりますので、あまり時間は残されていないのです。

脳のゴールデンタイムに、どれだけ重要な仕事を終わらせることができるかによって、1日が決まる、と言っても過言ではありません。

しかし、残念なことに、ビジネスパーソンが始業直後にやる仕事は、メールやメッセージのチェックが多いのではないでしょうか？

メールやメッセージのチェックは、脳がどれだけ疲れていてもできる「単純作業」です。そんな単純作業で脳のゴールデンタイムを浪費するのは、最悪の時間の無駄遣いと言えます。

「脳のゴールデンタイム」を延長する方法

始業から1時間で「ミスしてはいけない仕事」をすべて終わらせましょう、といっても、「決算書の作成」のような膨大な資料を作る場合、1時間で終わるはずがありません。そんな場合は、どうすればいいのでしょう？

脳科学の本を読むと、**「脳のゴールデンタイム」は、起床後2〜3時間**と書かれています。では、起床後、3時間1分たつと、それは「脳のゴールデンタイム」ではないのでしょうか？ その3時間という線引きに、科学的根拠はあるのでしょうか？ 実は、ないのです。というか、少なくとも私は、「3時間を超えると脳のゴールデンタイムは失われる」という論文は読んだことがありません。

「起床後2〜3時間は、脳がイキイキと活動できる」というのは、多くの方が実感する経験的な数値、あるいはそうしたものの平均値と考えられます。

実は、**「脳のゴールデンタイム」は延長可能です。**「脳のゴールデンタイム」とは、「脳内がまっさらな机のようにきれいな状態」であるということですから、脳の中をちらかさずに、きれいに使い続けるとしたならば、集中力は失われずに、「脳のゴールデンタイム」のパフォーマンスが維持されます。それは、実質的に、「脳のゴールデンタイム」を延長したのと同じことになるのです。

実際、私自身「脳のゴールデンタイム延長法」を毎日実践しています。調子が良い日は、3〜4時間は延長されて、午後1時くらいまでずっと高い集中力を維持して、レベルの高い執筆仕事を続けることができます。

では、「脳のゴールデンタイム延長法」とは、具体的に何をすればいいのでしょう?

それは脳内の机をきれいに使い続けること。そのために必要なのは、「余計な情報」を一切、入力しないことです。

一番よくないのは、テレビです。朝の情報番組などを見ると、脳に膨大な情報が入力されます。脳の中が一気に「雑然とした状態」になりますから、「脳のゴールデンタイム」は延長どころか、その時点で終了になってしまいます。

スマホでニュースや記事を次々に読んでいくのも、一瞬で脳を散らかします。メールやメッセージのチェックなどもおすすめできません。

つまり、「情報の玉手箱」であるスマホを開いた瞬間に、「脳のゴールデンタイム」は終了。ほとんどの日本人は、「脳のゴールデンタイム」を使えていないかもしれません。

私の「脳のゴールデンタイム」の過ごし方をご紹介しましょう。

まず、朝起きてシャワーを浴びたら、自分の部屋に入ってドアを閉めて、メールやメッセージのチェック、ましてやインターネットなどすることなく、すぐに執筆を開始します。今書いている本の内容以外のことは一切考えないようにして、一心不乱に書き続けます。電話にも出ないし、宅配便の配達にも出ない、いわゆる「缶詰め」状態になります。

そうすると、脳に余計な情報は一切入ってこないので、脳内の机を長時間にわたって、きれいに使い続けることができるのです。

私も、毎日、こうした生活をしているわけではありませんが、執筆の締め切りが迫ってくると、こうした缶詰め状態を意識的に作り、「脳のゴールデンタイム」を延長して、集中力の高い時間を作り出しています。

企業に勤めているビジネスパーソンの方は、電話が鳴ったり、上司から呼び出されたりして、「缶詰め」状態になることは難しいでしょうが、**「朝の情報番組を見ない」「メール、メッセージのチェックは、少し疲れてきた休憩時間に行う」「午前中に人と会う予定を入れない」**といったことだけでも、「脳のゴールデンタイム」は延長できるはずです。

午前中は、集中力を高い状態で維持できる貴重な時間帯です。1日の中で、最も「仕事がはかどる時間帯」ですから、大切に使いたいものです。

Ⅱ TO DOリスト術

①集中力のギアを上げるTO DOリスト術

そのTO DOリスト活用法は間違っている

私は朝、机に座ったら一心不乱に原稿を書き始めると言いましたが、その前に一つだけやることがあります。それは、今日の「TO DOリスト」を書くのです。「TO DO（やるべきこと）」をすべて書き出してリスト化する。つまり、「TO DOリスト」を書くのです。

「TO DOリスト」を活用して、仕事を迅速かつ生産性高く処理していくと、正確、かつ見落としなく進めていくことができて、結果としてミスとは無縁な状態になることができます。

まずは、「TO DOリスト」を書くことで得られる、すごいメリットについて説明しましょう。

【TO DOリストのすごいメリット】1　集中力が途切れない

「TO DOリスト」を使っても仕事の効率は上がらないので、「TO DOリスト」には意味がない、といった批判があります。そういうことを言う方は、おそらく「TO DOリスト」の使い方を間違っているのです。

たとえば、スマホやパソコンなどのデジタルの「TO DOリスト」を使っている、あるいは、「TO DOリスト」を目に見える場所に置いていない、といった誤った「TO DOリスト」の使い方をしていたとしたら、十分な効果が得られないのは当然です。

たとえば、「TO DOリスト」をスマホで管理すると、次の仕事にうつるたびに、いちいちスマホを開かなくてはいけません。それ自体が時間の損失ですが、毎回、「TO DO

リスト」を見るたびに、スマホの誘惑にあうことになります。「TO DOリスト」だけでなく、ついついメールやメッセージのチェックをしてしまい、せっかく高まっていた集中力をゼロにリセットしてしまうのです。

いったん途切れた集中力が元に戻るのに、15分かかると言われています。何という時間の無駄、集中力の無駄遣いでしょう。

「TO DOリスト」をスマホで管理することは、いわば、400メートルリレーで先頭を走っていたのに、バトンの受け渡しで失敗して、一気に最下位に転落してしまう、といったイメージです。そのくらい効率が悪い仕事術と言えます。

また、「TO DOリスト」を書かない方も同様です。「TO DOリスト」を書かない方は、仕事が一段落したときに、「次に何しよう?」という考えが浮かんできて、やはり集中力がリセットされてしまいます。

私は、「TO DOリスト」を印刷して机の上のパソコンの左側に置いています。

そうすると、次の仕事にうつるときに、0・1秒、視線を左に移動するだけで、次のタスクを確認できます。つまり、**高い集中力のまま、全力疾走で次の走者(タスク)にバトンを渡すことができるのです。**

【TO DOリストのすごいメリット】2 「うっかり忘れていた」がゼロになる

「TO DOリスト」にタスクを書くと、1日に何度もリストを確認することになります。すると、「うっかり、その仕事を忘れていた」というミスが起こらなくなります。

たとえば、朝、「TO DOリスト」に「15時 経営会議」と書きます。その時点でスケジュール帳などをチェックして予定を書き込みますので、「書く」&「確認する」の作業で脳に印象づけられます。

1日に何度も「TO DOリスト」を見るわけですが、そのたびに「15時 経営会議」という文字が頭の中に入ってきます。**無意識のうちに、「記憶の復習」がされているわけです。**

午後の仕事に入り、14時に次のタスクを始めるときにも、「『15時 経営会議』か、あと1時間しかないな」と、再び確認されます。このように何度も確認が行われるわけですから、「15時からの経営会議、すっかり忘れていた!」ということは起こり得ないのです。

もしもあったとしたら、それは「脳疲労」が重度のレベルに入っている証拠なので、注意してください。

たとえば、「TO DOリスト」を使わない方が、「今日、17時までに企画書を提出しないといけないいな」と思っていても、15時頃に急なトラブルが発生して、対応に時間をとられてしまうと、「企画書作成」の仕事に着手できなくなってしまい、17時をすぎてから、「しまった！　企画書提出の締め切りがすぎていた！」と青ざめることになりかねません。

しかし、「TO DOリスト」に「17時までに企画書提出」と書かれていたらどうでしょう。それが、机の上に常時載っているわけです。

トラブル対応の電話をかけているようなときも、「TO DOリスト」が自然に目に入ってきますから、見逃すとか、忘れるといったことはありえないのです。

私たちは頭の中だけで情報処理しようとすると、「ど忘れ」「うっかり」ということが起きますが、「TO DOリスト」には、今日の予定がすべて一覧で書かれているわけですから、「ど忘れ」「うっかり」が入り込む余地がありません。

ここで**重要なのは、「TO DOリスト」が一瞬で目に入る位置に置かれているということです。**パソコンのキーボードの左側に置くとか、机の目の前のホワイトボードにマグネットでとめておくとか、視線移動だけの0・1秒で見られるところに「TO DOリスト」が置かれていることが非常に大切です。これで、「うっかり忘れていた」はゼロになります。

【TO DOリストのすごいメリット】3　ワーキングメモリの容量が増える／仕事が効率化する

「TO DOリスト」を書かない方は、今の仕事があと5分で終わりそうになったときに、「これが終わったら何をしよう？」という考えが浮かぶはずです。

そうすると、「次は、A社に提出する書類を書こうか、いや、B社のメール連絡のほうが先だ」というように、いろいろな考えが頭の中で行き交うでしょう。

しかしこれは「雑念」であり、ワーキングメモリを消費します。つまり、集中力を下げ、仕事の効率を大きく下げるのです。

「TO DOリスト」を書けば、次に何をするのかは「TO DOリスト」を見れば、一目瞭然ですから、そうした雑念はわきようがありません。

仮に、「次の仕事、何だっけ？」という雑念がわいたとしても、机上の「TO DOリスト」に視線を移動するだけで、「ああ、次はA社の書類か」という具合に、0・1秒で元の仕事へ戻ることができます。結果としてワーキングメモリに余裕を保ったまま、トップスピードで次の仕事にバトンタッチできるのです。

繰り返しになりますが、ワーキングメモリの容量不足がミスの原因となります。ワーキングメモリの空き容量が多い、ということが、「集中力が高い」「ミスを起こさない」ことにつながるのです。

1日にすべきタスクが10個以上ある方は、それを書き出さず、頭の中にとどめておくと、「次は○○しないといけない」「その次は、△△しないと」「そうだ××もしないと」という考えが5分か10分おきに浮かんできて、全然仕事に集中できない、ということになります。これが、俗に言う「パニクる」という状態です。

ですから、1日のタスクが多い方や、パニクりやすい方は、「TO DOリスト」を使うべきです。

【TO DOリストのすごいメリット】4　確認を忘れない

仕事でのミスの多くは、「確認」しないことによって引き起こされます。

昼休みにスケジュール帳をチェックして、「15時から会議だな」と確認したにもかかわらず、「15時の会議をすっかり忘れて出席しなかった」ということは普通は起きないでしょう。

直前に確認すれば、それがミスにつながることはまずないのです。ですから、ミスを減らすためには、「確認」を習慣化すればいいのです。

「確認しよう！」という話は、「ミスを防ぐ」系の本には必ず書かれています。しかし、ほとんどの方は確認を怠ります。なぜでしょう？

それは、**ミスが多い方は、確認すること自体を忘れてしまうからです。**普段は、仮に「確認する」ことを習慣にしていても、仕事が忙しくなりパニクると、確認する余裕がなくなり、結果としてミスが起きるのです。

たとえば、朝から仕事で大きなトラブルが発生して、メール対応、電話対応に追われていたとしましょう。時計を見ると16時になっていて、「しまった！　15時から会議だった」と青ざめる、といった場面です。いつもなら、朝や昼休みに必ずスケジュールのチェックをするのに、その日に限って、「スケジュールのチェック」（確認）をする余裕はなかったのです。

こうした事故を防止するためには、「ＴＯ　ＤＯリスト」は最高のツールです。１日の始業時に、今日やるべき重要な仕事をすべて書き出します。それを印刷して、常に机の横に置いておく。あとは、その「TO DOリスト」を見ながら、その通りに仕事を進めていけばいいのです。

「15時から会議」と書かれていますので、間違いようがありません。15時になる前に、「TO DOリスト」を数回チェックしているわけですから、「ど忘れ」「うっかり」も起きずに済みます。

つまり、**「TO DOリスト」を書くこと自体が、確認作業そのものなのです。**

その中でもとりわけ重要な項目については、「TO DOリスト」に「明日の資料の確認」「出張の持ち物の確認」と、確認すべきことを書き込みましょう。

「TO DOリスト」から消されていないことで、「まだ確認していない」ということがわかります。「○○について確認する」というタスクを記入することで、「確認を忘れる」ということが、100%防止できます。

ところが「TO DOリスト」を書かない方は、「確認する」こと自体を忘れてしまいますし、確認したかどうかの確認もうっかり忘れてしまいます。

だからこそ、「TO DOリストを書くこと」は、それ自体が「確認を習慣化する」ことにつながるのです。確認ミスが多い方は、必ず「TO DOリスト」を使いましょう。

〓 TO DOリスト術 ②初公開！「樺沢式TO DOリスト」

従来のTO DOリストの問題点

ここからは、具体的な「TO DOリスト」の書き方をご紹介します。

「TO DOリスト」の書き方には、いくつかのやり方があると思いますが、最も有名で最も普及しているのは、『7つの習慣』（キングベアー出版）で、著者のスティーブン・R・コヴィー博士が紹介した「TO DOリスト」の書き方でしょう。

実際、私も10年以上、そのスタイルで「TO DOリスト」を書いてきました。

この**「7つの習慣式TO DOリスト」とは、実行するタスクを「緊急度」と「重要度」の掛け合わせによって4つの領域に分類する方法です。**

具体的にはまず、自分のタスク（仕事）を、

A「緊急度」も「重要度」も高い
B「重要度」は高いが、「緊急度」は低い
C「緊急度」は高いが、「重要度」は低い
D「緊急度」も「重要度」も低い

の4つの領域に分類します。

そして、各領域ごとにタスクを、A－1、A－2、A－3……。B－1、B－2、B－3……。C－1、C－2、C－3……と書き出していきます。

私は、最初この方法を知ったときは、「すごいな」と思ったのですが、使えば使うほど、細かい部分が自分と合わないことに気付きました。

なぜならば、**「緊急度」と「重要度」の4分類には、「集中力」という概念がまったく反映されていないからです。**

すべての仕事は「集中力が必要な仕事」と「集中力があまりいらない仕事」に二分でき

ます。

午前中は非常に集中力が高いので「集中力が必要な仕事」に向いています。午後から夜は疲れも出てきて、集中力は低下しますので、「集中力が必要な仕事」には向いておらず、そうした仕事を午後や夜に無理して行うと、午前中に行うのと比べて2〜3倍の時間がかかってしまい、効率が悪い。ミスを起こす確率も高まります。

「7つの習慣式TO DOリスト」では、集中力を要するけれども、「緊急度」や「重要度」が低い仕事は先送りになってしまいます。結果として、朝やれば1時間で終わる仕事を、夜に3時間かけてやるような、非効率を招きかねないのです。

たとえば、「締め切りが1カ月後の新刊の原稿執筆」。これは、「B『重要度』は高いが、『緊急度』は低い」に分類されますが、本の原稿執筆は最高レベルの集中力を必要としますので、仮に夕方以降に先送りしてしまうと、朝の3倍は時間がかかるのです。

私の仕事術の原則は、「集中力が必要な仕事」を集中力が高い時間帯にこなすということです。もしそれをしっかりと行えば、骨の折れる仕事も、最もパフォーマンスの高い状態でこなすことができますから、ミスや失敗はほとんど起きないはずです。

そこで私は、従来の「7つの習慣式TO DOリスト」とは別に、集中力を中心にして時間軸も加味した**「樺沢式TO DOリスト」**を考案しました。

この「樺沢式TO DOリスト」は、私1人が実践しているわけではなく、私が主宰する「樺沢塾」（会員数600人）の塾生が実践して好評を得ており、さらにそこからのフィードバックをいただき改良を加え、その改良版はのべ5千人以上にダウンロードされご活用いただいています。

「樺沢式TO DOリスト」の使い方

134〜135ページに、この「樺沢式TO DOリスト」を掲載しました。また、私自身のとある1日の実際の記入例も紹介しています。

「樺沢式TO DOリスト」は、手書きではなく、「ワード」形式のファイルで、パソコン上で入力し、それを印刷して使います。

朝、始業時にパソコンを立ち上げたら、スケジュール帳も確認しながら、今日すべきことをリスト化していきます。

入力が終了したら印刷しましょう。そして、あなたの机の上の目立つ場所、直接見えるところに置いてください。視線を移動するだけで見られる場所に置くのがポイントになります。

そして、**リスト内のタスクを達成したら、赤の色鉛筆、または赤のボールペンで横線を引いて消していきます。**思いっきり派手に消したほうが、達成感を味わいやすいので、私は赤の色鉛筆でバッサリと横線を引きます。

次の日は、**前日の「TO DOリスト」を開いて、そこに上書きするかたちで新しい「TO DOリスト」を書きます。**なぜ上書きするのかというと、昨日のタスクの達成度をそのときに評価できることがまず1点。そしてもう1つは、多くのビジネスパーソンにとって毎日行う仕事というのは、それほど大きく変わることがなく、半分以上は昨日と同じ仕事だからです。

手書きだと、こうした同じ内容をゼロから書く必要があり、時間のロスを招きます。そのため、前日の「TO DOリスト」データに加筆、修正するかたちで上書きするのです。

慣れれば、3分もかからずに記入できるはずです。私の場合は、1分程度で書き終わります。

ちょっとしたコツではありますが、**「今日の仕事」「今日のタスク」は、机に座ってから考えてはいけません。電車での移動中や会社まで歩いている最中に、「今日の仕事は、どんなことがあったかな……」と、考えておきましょう。**

私の場合は、朝起きた直後。または、シャワーを浴びて、今日の予定やタスクを一通りさらいます。

あとは頭の中にある「タスク」を書き出すだけです。事前に今日のTO DO（タスク）が明確になっていれば、「TO DOリスト」への記入は1分で終わります。

パソコンを開いてから、記載事項を考え始めると、5分以上はかかるでしょう。

朝1分で「TO DOリスト」を書く。この朝1分の習慣が、1日数時間の節約、そしてミスや「うっかり忘れ」をゼロにするのです。

やるべきことは「3」を意識して書く

「樺沢式TO DOリスト」の各項目の記入方法を説明します。

「AM」には、午前中に行うTO DOを3つ。

「PM」には、午後に行うTO DOを3つ書きます。

最初の行（項目ごとの1番上の行）には、最も「集中力を要する仕事」を書いてください。それを「朝一」「午後一」で処理する、というイメージです。

もし、緊急を要するメールや、始業直後に返信しないといけないメールがあるとしたら、それを1番目に書いてもいいでしょう。

「集中力」を最優先させながらも、「緊急度」と「重要度」を加味して、その日最初にすべき仕事は何か？ 次にすべき仕事は何か？ と考えをめぐらしながら、順にリスト化していくのです。

「毎日」には、毎日行うTO DOを書きます。誰にでも、「メールチェック」や「日報提出」など、必ず毎日行う作業があると思います。

「メールチェック」はスキマ時間、「日報提出」は終業時とか、毎日の作業は何時頃に行うのかは、頭の中に入っていると思いますので、時間帯にこだわらず、「毎日」の欄に記入します。

図6　左の例にならってTO DOリストを書いてみよう

月		日
AM 1		
AM 2		
AM 3		
PM 1		
PM 2		
PM 3		
毎日 1		
毎日 2		
毎日 3		
スキマ 1		
スキマ 2		
スキマ 3		
遊び 1		
遊び 2		
遊び 3		
その他 1		
その他 2		
その他 3		

図7　樺沢式TO DOリスト

8月　25日

AM 1	★	執筆「集中力本」第2章、15枚／印刷チェック
AM 2		
AM 3		
PM 1		原稿チェック「日経アソシエ」（本日締）
PM 2		14時、テレビ収録（赤坂 BIZ タワー）
PM 3		次回ウェブ心セミナーの告知文
毎日 1		YouTube 更新／メルマガ発行／ブログ更新
毎日 2		メッセージ（小倉、種岡、旅行会社）
毎日 3		
スキマ 1		ホテル予約（マドリッド）
スキマ 2		Amazon　スペイン旅行本の注文
スキマ 3		コピー用紙注文
遊び 1		19時、加圧トレーニング
遊び 2		21時10分、映画『スパイダーマン』
遊び 3		
その他 1		机周りの片付け
その他 2		
その他 3		

「スキマ」には、10分以内で終わるようなスキマ時間で行えるタスクや仕事を記入します。

「遊び」には、終業後の遊び、趣味、娯楽、家族や友人と過ごす予定などについて記入します。

「その他」には、「緊急度も重要度も低いタスク」を書きます。あるいは、「予備」というイメージで、追加でやる必要が出た仕事を書き足したりするときに使います。

書き込む際のポイントは、**項目ごとに「3つ」のTO DOを書く**、ということです。TO DOを、「3つ」でまとめる理由は、脳のキャパシティからもわかるように、書いた内容を一瞬で把握できるからです。

午前中のTO DOを3つに絞り込むことで、TO DOリストを見なくても、仕事の流れが把握できます。

従来のTO DOリストのように、10個以上併記される書き方では、すべてを一瞬で把握するということは不可能です。 もし午前中にすべきことが10個あるとすれば、それだけで処理不能となって、脳はパニクってしまいます。

そこで、3つに絞り込んで、優先度が下がるものについては、「スキマ」と「その他」に書くようにする。それだけでわかりやすく、一瞬でタスクを把握できるようになります。

ただし、「1つの仕事」「1つのタスク」も、分解できるものは、1行の中に分解して書いていきます。たとえば、「A社の案件」だけだと、具体的に何をするかわからないので「A社の案件（担当者にメール／資料取り寄せ／見積書の作成）」のように書きましょう。また、似たような仕事は、1行にまとめて書いてもいいでしょう。「YouTube更新／メルマガ発行／ブログ更新」といった具合です。

一通り「TO DOリスト」を書き終えたら、見直しつつ、各行の左端に「高い集中力を要する仕事」として「★」マークをつけます。

そして、それらの仕事のうちで、「きわめて緊急性の高い仕事」と「きわめて重要度の高い仕事」には、「◎」をつけます。

「★」と「◎」のタスクは、「他のタスクよりも優先してこなす」という意味です。

オリジナルのTO DOリストを作ろう

ご紹介してきた「樺沢式TO DOリスト」のワードファイルは、次のURLからダウンロードしてお使いください。

http://kabasawa.biz/b/todo.html

従来の「TO DOリスト」と比べて、「時間軸」と「集中力」を加味しているという点、項目ごとに、3つの「TO DO」に絞り込む点が、大きな特徴です。

しかし、この「TO DOリスト」は、あくまでもひな型と考えてください。重要なことは、「次にすべき仕事が一瞬でわかる」ということです。**自分にとって最も使いやすいようにアレンジして、自分式のオリジナル「TO DOリスト」に進化させて使ってほしいと思います。**

II TODOリスト術 ③遊びのTODOリスト

趣味・遊びのTODOリストを書く

「遊び」という欄には、遊び、趣味、娯楽に関するTODOリストを書きます。

私の場合は「21時10分 映画」ということで、具体的に観る映画が決まっていれば、タイトルもあわせて記入します。そうすると、「21時までに必ず仕事を終わらせて、必ず映画に行くぞ！」とモチベーションが上がります。実際に、仕事がかなり立て込んでいても、20時半には仕事を終えて映画を観ることができます。

これを書かないとどうなるかというと、「早く仕事が終われば映画を観たいなあ」という漠然とした気持ちはあるものの、仕事に熱中しているとついつい忘れてしまうのです。

そして、「よし、仕事が終わった！」と思って時計を見ると、21時。もう、上映開始時間になっているではありませんか。「あと30分早く仕事を終わらせていれば、映画を観られたのに……」と後悔することになるのです。

多くの方にとって優先事項は、「仕事」＞「遊び、趣味、娯楽」です。ですから、無意識のうちに、「遊び、趣味、娯楽」の時間を犠牲にして、「仕事」を優先してしまいます。

しかし、私の意識は、「仕事」＝「遊び、趣味、娯楽」です。仕事ばかりの人生はつまらない。楽しんでこそ人生は充実します。ですから、「仕事」の時間も、「遊び」の時間も優劣はありません。１００％仕事をして、１００％遊ぶだけです。

そうすると、その日のストレスを完全に、その日のうちに発散できます。ストレスも疲れもためずに、毎日１００％のパフォーマンスで仕事をすることができるのです。

遊びの時間や、人生をエンジョイする時間を確保してこそ、仕事のパフォーマンスは飛躍的にアップします。そのためには、「遊び」をおろそかにしないことです。

そのためにも、「遊び、趣味、娯楽」に関する「ＴＯ ＤＯリスト」をしっかり記入しましょう。

書くだけで実現率は3倍になる

たとえば、「21時　妻と食事」といった、日々の日課も遊びの「ＴＯ ＤＯリスト」に書くべきです。妻や家族と一緒に食事ができない、という方は多いものです。一緒に食事する回数が、週に1、2回しかないという方もいるでしょう。

その場合、遊びの「TO DOリスト」に「21時　妻と食事」と記入するだけで、食事の回数が2倍くらいに増えます。

「TO DOリスト」は、1日に何度も見直すものです。「21時　妻と食事」という文字が何度も目に入る。「21時　妻と食事」のためには、「20時に退社」しなくてはいけません。17時に「TO DOリスト」をチェックしたとき、仕事の進捗がイマイチだった場合、「このままでは20時に退社できない」とわかりますから、「仕事のペースを上げないといけない！」という考えが無意識のうちにわき上がり、モチベーションと集中力、そして作業効率が上がるのです。

不思議ですが、**このように「遊びのTO DOリスト」を活用すると、「書いたタスク」が実現する確率が2～3倍にアップします。**

実際、「遊びのTO DOリスト」を書いていなかった頃の私は、月に2～3本しか映画を観ていませんでした。しかし、「遊びのTO DOリスト」に映画について書くようになった最近は、月に7～8本以上は観ていますから、映画を観る本数が2～3倍になっています。

「TO DOリスト」に書くだけで、それが常に「意識」されるようになります。結果として、実現確率が大幅にアップします。

仕事の「TO DOリスト」は当然として、人生が楽しくなる遊びの「TO DOリスト」も習慣にしてほしいと思います。

II TO DOリスト術

④ホワイトボード仕事術

TO DOリストを決め打ちする

毎日「TO DOリスト」を書いている。次にすべき仕事は百も承知している。でも、なぜかその仕事にとりかかれない。つい、スマホを見たり、メールチェックをしたりと、関係のない仕事へと脇道にそれてしまう……。こんなことはありませんか？

やるべき仕事があるのに、ついつい「仕事の脱線・先送り」をしてしまうと、仕事にとりかかれないので、いつまでたっても仕事は終わりません。これでは非常に困ります。ときどき脱線しながら、頭の中で2つの事柄が行ったり来たりしながら、集中力の低い状態で仕事をすれば、当然それはミスの原因になるでしょう。

そんな「仕事の脱線・先送り」を確実に防ぐことができる、すごい方法があります。

それが、ここでご紹介する**「ホワイトボード仕事術」**です。

その方法は、とても簡単です。まずは、A3サイズの携帯用のホワイトボードを購入します。100円ショップに行けば、100円で売っています。

そこに、次のタスクと制限時間を書くのです。

私の場合だと、「第2章の原稿チェック　12時まで」。

A3サイズのホワイトボードの全面を使い、かなり大きな字で書きます。そして、それを自分の目の前に置きます。私の場合は、ノートパソコンを使っているので、ホワイトボードはノートパソコンのすぐ後ろに置きます。できるだけ自分の目の前に置いてください。

「ホワイトボード仕事術」は、いうなれば、「TO DOリスト」の一点集中です。

集中力が途切れると、「第2章の原稿チェック　12時まで」が、否応なく目に入ってきます。「疲れたな」とか「集中力が下がってきたな」というときに、まずパソコンから視線がズレます。その瞬間に、「第2章の原稿チェック　12時まで」という文字が、ドーンと目に入ってきます。そうすると、「ヤバい、ヤバい、12時まであと30分しかないよ。早く終わらせないと！」という気持ちになり、「脱線」から、すぐに「本来の仕事」へと復帰できるのです。

たとえば、パソコン画面から目を離した瞬間に、スマホが目に入ります。その瞬間に、「あっ、スマホでメッセージをチェックしよう」という気分になりますよね。人間には、目に入ったものが「雑念」として、脳の中に入り込む性質があるのです。

ですから、**集中力が途切れた瞬間に、今の「タスク」「TO DO」が目の中に飛び込むようにしておきましょう。そうすれば、集中力がリセットされて、「やっぱり今のタスクをやらないと！」という気持ちに不思議となるものです。**

タスクが終了したら、ホワイトボードの文字を消してください。

自分の仕事をやりとげて、ホワイトボードの文字をきれいに消去すると、「やった！」

という、達成感、満足感がわき上がってきます。

そして、また次の「TO DO」「タスク」を1つだけホワイトボードに手書きします。

書き出してモチベーションを上げる

仕事を始めようとしても、なかなか着手できずにダラダラしてしまう、という方も多いものです。その場合は、次のタスクと制限時間をホワイトボードに大きく書きましょう。

文字を書くことが集中力を高めることは、「PART 1」の「メモ術」のところでもお話ししました。「手帳に小さな文字でTO DOリストを書く」「パソコンでキーボードからTO DOリストを書く」のと比べて、「デカいホワイトボードに、デカい文字でTO DOを書く」と、集中力を高める効果がてきめんです。

字を書くときも、書き上がったものを見直すときも同様ですが、**ホワイトボードに大きく書くと、「これは、やらねば！」という気持ちになります。**ぜひ、皆さんもやってみてください。それでも、まだやる気が出ない場合は、ホワイトボードに「TO DO」を書いたあとにその文字を声に出して読みましょう。

「第2章の原稿チェック、12時までに終了させる！　頑張るぞ！」

ここまでやると、さっきまでやる気と集中力が「ゼロ」だったのが、「20～30％」くらいの状態まで、一気に上がることを実感するでしょう。

この「ホワイトボード仕事術」は、心理学で言う「認知的不協和《にんちてきふきょうわ》」を応用しています。この、「認知的不協和」とは、人が自身の中で矛盾する認知を同時に抱えた状態になると、不快感を抱き（認知的不協和）、その認知的不協和を解消するために、自身の態度や行動を変更しようとする、という理論です。アメリカの心理学者レオン・フェスティンガーによって提唱されました。

ホワイトボードの文字のように、目から入ってきた認知として、「第2章の原稿チェック、12時まで」という文字を認識します。一方で、自分自身を認知すると、そこには「原稿チェックをしていない自分」があります。

これは明らかに矛盾していますから、非常に気持ちの悪い状態になります。ですから、「認知的不協和」を取り除く方法は、2つしかありません。

「原稿のチェックを始める」のか、「ホワイトボードの文字を消す」のか、どちらかしかないのです。

「ホワイトボードの文字を消すのは、タスクを達成したとき」というルールです

から、消すことはできません。そうなると、そのタスクをやり始めるしかないのです。

この「ホワイトボード仕事術」、皆さんもやってみればわかると思いますが、本当に「やらないとまずい」という気持ちになって、仕事をスタートしてしまうのです。改めて心理学というのはすごいなあ、と思います。

III スケジュール術

調整日導入スケジュール術

「調整日」を入れるだけで余裕が生まれる

スケジュール帳に、平日のみならず土日もビッシリと予定を書き込んでいる。どちらかというと、予定が詰まっていないと安心できないという方が結構います。

「余裕がない」という状態は、ワーキングメモリを圧迫して、ミスを起こしやすい状況を作りますから、それは「ミスの予備状態」を作り出すのと同じことです。**「過密スケ**

ジュール」は、ミスをする確率を格段に上げてしまいます。

スケジュールが過密な場合、締め切りまでに仕事が終わらないと、明日から別のスケジュールが入っているとすれば、徹夜してでも今日中に終わらせなければいけない状況に陥ります。

過密スケジュールは、次の仕事にまで影響を及ぼし、無理に無理が重なり、結局大きなミスにつながってしまいます。

そうならないためにどうすればいいか、というと、私自身は、**「調整日」**を活用しています。特に「スケジュールを入れない日」を、月に3日、10日に1日程度設定しています。

調整日には、面会や会議、飲み会など人と会う予定を一切入れません。ですから、朝からずっと机に向かって、集中した1日を過ごすことで、仕事の遅れを一気に取り戻すことができます。

調整日に特に急ぎの仕事がない場合は、机の周りを整理したり、仕事が立て込んでいるときにはついつい先送りしてしまいがちな雑用を、一気に処理します。あるいは次の本のネタ出しをしたり、ゆったりとした時間を使って、クリエイティブな作業をします。

いずれにせよ**「調整日」があると、仕事の遅れの調整が非常にしやすくなります。**たった1日の調整日で、前後のつじつま合わせが簡単にできるし、精神的にも余裕が持てるようになります。

これは、「忙しい」「余裕がない」を解消するおすすめの方法です。仕事をマイペースで進めるためにも、ミスを減らすためにも、非常に効果の高いスケジュール術と言えるでしょう。

締め切り＋予備日2日で余裕を作る

仕事を受けたときは、「この仕事だと1カ月で終わる」と予測して、1カ月後を締め切りとして仕事を受注しますが、締め切り日までに、しっかりと終わらせて納品するのは、非常に難しいと思いませんか？

もし、締め切りに間に合ったとしても、最後の数日を徹夜の作業で行ったり、「締め切りをあと2日延ばしてください」と先方にお願いしたりするのは、非常に骨が折れます。

あるいは、前回のそうした反省を踏まえて、1カ月後に終わらせる仕事を1カ月半で受注したとしても、不思議なことに1カ月半まるごとかかってしまうもので、まったく仕事は楽にはならないのです。

「パーキンソンの法則」というのがあります。これは、イギリスの歴史学者・政治学者シリル・ノースコート・パーキンソンが提唱した法則で、その第1法則に「仕事の量は、完成のために与えられた時間をすべて満たすまで膨張する」というものがあります。

つまり、仕事の期間を「1カ月」と決めると、「1カ月」まるごとかかってしまう。それを「1カ月半」にしたとしても同様なのです。では、どうすればいいのでしょうか？

私の場合は、締め切り日の次の2日間を「調整日」としてスケジュールを空けておきます。 締め切りまでに仕事が終わらなければ「調整日」を使うことが可能です。締め切り日に仕事を終わらせた場合、最後の数日は相当無理をしているでしょうから、その場合は「調整日」を休養日として使います。

ここで重要なのは、前もって「どうせ2日間の調整日がある」と思わないことです。

「絶対に締め切りまでに終わらせる！」と自ら、あるいは社内的・社外的にも宣言して、「締め切り厳守」できるように必死に頑張ります。

そのように自分を追い込んでいくと、集中力を高めてくれる脳内物質・ノルアドレナリンが分泌されますから、集中力を高く保った状態で一気に仕事を片付けることができます。夏休みの宿題を最後の1日で終わらせる小学生と同じ論理です。

あくまでも、「調整日」は万が一のための保険です。最初から「調整日」を当てにして進めると、ノルアドレナリンの援助が得られず、「調整日」を使い切ってもまだ仕事が終わらない、という事態を招きます。

「調整日」があると、最後の追い込みで精神的に緊迫した状態になり、ノルアドレナリンが分泌されるため、仕事がはかどります。一方で、「調整日」は、「万が一、終わらなかったら」に対する保険にもなりますので、少しだけ精神的に余裕が持てます。つまり、パニクらず、いっぱいいっぱいにもならない、一石二鳥の方法と言えるのです。

締め切り間近の最後の数日を、パニクった状態で仕事をこなすと、「大きなミス」を犯す危険性が高まります。

しかし、たった2日の調整日を設定するだけで、「仕事効率のアップ」と「ミス防止」の一石二鳥の効果が得られます。ぜひ、あなたのスケジュールに調整日を組み込んでみてください。

Ⅳ 仕事術

①1つずつクリアする「プチプチ」仕事術

「頭が真っ白になる」を防ぐ方法

一度に複数の仕事を頼まれたとき、よく「パニクる」という言葉を使います。

「プロジェクトの修正案、スタッフにメールしておいて」

「本部長の今日のスケジュール、20分だけおさえておいて」

「昨日の会議の要点、ワードにまとめておいて」

「経費の精算、大至急頼むね」

「来週の得意先接待の店を決めて、予約して、参加者へのお土産の用意と帰りのハイヤー手配しておいて」

それぞれの作業自体は、それほど難しいものではありません。

しかし、こんな指示を一度に出され、しかも「今日の16時まで」などと時間指定されたら、まさにパニック状態になってしまいます。

これまで述べてきたように、脳のワーキングメモリの容量はせいぜい「3つ」です。**ほとんどの方は「3つ」以上のことを一度に言われると、混乱状態に陥ります。**

ワーキングメモリのオーバーフローが、「パニクる」状態の脳科学的正体です。「パニクる」原因がわかれば、対策はいたって簡単。**脳の「トレイ」に空きを作ればいい**だけです。

「プロジェクトの修正案、スタッフにメールしておいて」と言われたら、即座に「修正案、Aさん、Bさん、Cさんにメール」と、「TO DOリスト」に書き込めばいいのです。

もし、皆さんがここで「樺沢式TO DOリスト」を活用していれば、印刷した「TO DOリスト」が机の上に載っているはずなので、そこに手書きで書き込むことになります。

「本部長の今日のスケジュール、20分だけおさえておいて」と言われたら、すぐに「本部長、スケジュール連絡、20分」と「TO DOリスト」に書き込みましょう。

20文字以内のこのタスクを書き込むのに、10秒はかからないはずです。

「本部長に電話するだけだから、1分で終わるのでメモをとる必要はない」と10秒の手間を惜しむせいで、「うっかり忘れた」と重大なミスをしでかすことになるのです。

もし、手元に「ＴＯ ＤＯリスト」がなければ、メモでもいいのです。追加の仕事が発生したら、速やかに「ＴＯ ＤＯリスト」やメモに書くことを習慣にしてください。

あとでそれらは見直すことができますから、書いたあとは忘れてもかまいません。そして、書いた瞬間にワーキングメモリの「トレイ1個」が空になり、ワーキングメモリに余裕が生まれます。

このような**「メモの習慣」を身につけることができれば、ワーキングメモリに常に余裕を作ることができ、結果として「パニクる」「頭が真っ白になる」ことはなくなります。**

タスクは「プチプチをつぶす」ように

2つの事柄を同時に行うと、脳の効率が悪くなり、ミスが発生しやすくなることについては、「ＰＡＲＴ1 入力」のところで詳しく説明しましたが、「出力」でも同じことが言えます。

それは、**「2つの仕事は同時進行でやらない」**ということです。

あなたが上司に「プロジェクトの修正案、スタッフにメールしておいて」と言われ、早速修正案をAさんにメールした、としましょう。

1分後に上司が戻ってきて、「大至急、本部長に電話して、今日のスケジュール、20分だけおさえておいて」と言われました。「大至急」と言うので、今の仕事を中断して、本部長に電話しました。

修正案をスタッフにメールする仕事に戻り、Cさんにメールしました。

翌日、激昂したBさんから電話がかかってきました。「何で俺のところにだけ修正案を送らないんだ！」

あなたが3人にメールを送るという作業を途中で中止してしまったため、「Bさんにメールを送る」プロセスが抜けてしまったのです。

このような事態にならないために、仕事は基本的に1つずつ片付けることが大切です。1つの作業を放置して次の作業に着手すると、たいていこうしたミスにつながります。

なぜなら、脳のトレイは3つしかないからです。「Aさんまでメールした」という情報が、ワーキングメモリに一時的に保存されますが、いくつかの用件を言われた瞬間、あなたのワーキングメモリはオーバーフローを起こして、「Aさんまでメールした」という仮の記憶が飛んでしまうのです。

仕事は、いわば緩衝材の「プチプチ」のようなものです。

「プチプチ」とは、割れやすいものを包装するときに使う気泡の入ったポリエチレン製の緩衝材です。「プチプチ」は川上産業というメーカーの商標登録名で、一般名は気泡緩衝材と言います。

ほとんどの方が、あの「プチプチ」をつぶした経験があるでしょう。どんな小さなサイズのものでも、あの気泡を全部つぶすのは結構大変な作業です。そんな気の遠くなる作業を、最も効率的に終わらせるにはどうしたらいいでしょうか?

それは、「順番に1つずつつぶす」。これ以外にはありません。

以前、自称「アームレスリング無敗」の知人に「プチプチつぶし」をやってもらったことがあります。20センチ四方のサイズのものでした。彼は一気に握りつぶそうとしました。しかし、手を開いてみると、三分の一ほどの気泡が、つぶれずに残っていました。どんなに力自慢であっても、一気にすべてをつぶすことはできなかったのです。

仕事も同じです。仕事の能力が高い方、ワーキングメモリの容量が大きい方は、いくつかの仕事を同時並行で片付けているイメージがあるかもしれませんが、仕事を分解していくと、やはり「小さな仕事」「小さなタスク」を、1つずつ、1つずつこなしていることがわかります。

重要度に差がなく、難易度、必要とする集中力も同じ複数の単純な仕事の場合、目前の仕事に集中し、そこに全精力を注いで、「順番に1つずつ」処理していくことが最も効率的で、かつ精度の高い仕事術なのです。

Ⅳ 仕事術 ②二兎を追わない「各個撃破仕事術」

ドイツ軍の失敗に学ぶ「最も効率的な戦い方」

第二次世界大戦時、フランスを占領し戦いを有利にすすめていたナチス・ドイツが、結果としては連合国軍に大敗しました。その理由は何だったのでしょうか？

いくつかの理由があるでしょうが、最大の理由は、イギリスとの戦いを継続しながら、独ソ不可侵条約を破棄してソ連に侵攻したことです。

ドイツ軍は、圧倒的な勢いでモスクワまで侵攻して、冬を迎える前に、楽に勝利を得るはずでした。しかし、ソ連軍の抵抗が予想以上に激しく、冬用の装備が不十分なドイツ軍は、極寒のソ連で大きなダメージを受けたのです。

これは一言で言うと**「両面作戦」**です。西側ではイギリス軍と戦い、東側でソ連軍と戦う。戦力が半分になってしまうので、絶対に不利です。イギリスを降伏させてから、全力でソ連を攻めればよかったものの、「ソ連なら簡単に勝てるだろう」という油断が、戦略上、絶対にやってはいけない「両面作戦」に突入してしまったわけです。

敵は、ひとつひとつ片付けていったほうが絶対に有利です。小学生でもわかる理論ですが、ヒトラーも間違いを犯したように、あなたの会社でも、よくあることなのではないでしょうか？

たとえば、A社とのプロジェクトが進行中に、営業部がB社との大型案件を受注して、2つのビッグプロジェクトが同時進行して、まったく人員が足りなくなり、毎日残業するハメになる、といった具合です。

あるいは、私の友人のビジネス作家Cさんのケースでは、1冊目の本がベストセラーとなり、執筆依頼が殺到。それに気をよくしたCさんは、新刊の契約を大手2社と同時に結んでしまいました。

本を1冊書くだけでも大変なのに、2冊を同時進行するとなると、殺人的スケジュールとなります。結局のところ、どちらの本にも十分な時間を割くことができず、Cさんの新刊は平凡なできあがりとなり、売り上げもまったく伸びませんでした。大手出版社2社から出版できるという欲に負けて、「両面作戦」をしてしまい、大敗を喫したのです。

恋愛において、「二股」をかけるのも同じです。「二股」は、多くの場合失敗します。戦争でも、ビジネスでも、恋愛でも、「両面作戦」を行うと、必ずエネルギーが分散し、集中力も仕事のパフォーマンスも下がります。何より入力される情報量が2倍になりますから、ワーキングメモリがパンクすることは間違いありません。ミスも多発して、必ずマイナスの結果となるのです。

目前の仕事に集中して、目前の敵を完全に撃破してから次の敵と戦う戦略を「各個撃破」と言います。

戦争戦略でもそうですが、仕事においても、また脳科学的に見ても、「両面作戦」は絶対に成功しません。**常に「各個撃破」を意識し、目前の仕事に全力であたる。それが、最も勝率を高める、そしてミスや失敗を減らす戦い方と言えるのです。**

Ⅳ 仕事術

③先送り・ミスゼロ仕事術

「先送り」にした瞬間、「TO DOリスト」に追加

「来週出張だから、ホテル予約しなきゃ。でも今は忙しいから、あとでやろう」

しかし、「あとで」をうっかり忘れていて、出張前日に「ヤバい、ホテル予約してなかった！」と気付く。あわててネットでホテル予約を試みますが、当日は大きなイベントがあるらしく、まったくホテルがとれなくて青ざめた……。こんな経験はありませんか？

「あとでやろう」と思って、そのまま忘れてしまい、トラブルが発生したり、クレームが来て、ようやく自分の「うっかりミス」に気付く。「先送り」によるミスというのは、よくあるミスのパターンだと思います。

「仕事が忙しい」ときは、脳のリソースに余裕がないので、「覚えた」つもりでも、

まったく記憶に残っていないのです。これは、自分の記憶力に頼ったせいで引き起こされたミスと言えます。

そんな「先送り」ミスをゼロにする方法があります。それは、**「先送り」にした案件を、「先送り」にした瞬間に、今日の「TO DOリスト」に追加することです。**

たとえば、「あとでホテルを予約しよう」と思ったら、「出張のホテル予約」という数文字を「TO DOリスト」に書き加えます。10秒もあればできるでしょう。

この習慣化で、「先送り」にしたことを忘れてしまうミスはゼロになります。

「TO DOリスト」は、1日に何度も見るものですから、昼休みに「TO DOリスト」を見直したときに、「ああ、ホテルの予約をしないと」と思い出して、その時対応すればいいのです。

「樺沢式TO DOリスト」は、達成した項目は削除し、未達成の項目は翌日に繰り越されますので、未達成である限り「TO DOリスト」に残り続けることになります。今日できなくても、明日やればいいだけの話です。

メールの返信なども、「先送り」にする場合は、「Aさんにメール返信」と「TO DOリスト」に追加します。重大な案件に限らず、ちょっとした案件も、**「先送り」にする**

場合は、必ず「TO DOリスト」に追加してください。本当に、「先送り」ミスはゼロになります。

Ⅳ 仕事術

④100点をめざさない「30点目標仕事術」

100点をめざすと100点から遠のく

私は、インターネット、SNSを勉強しながら講師、出版をめざす勉強コミュニティ、「ウェブ心理塾」を主宰しています。会員数は600人で、毎年、20人以上の方が初出版を実現しています。

私が本を執筆する場合、原稿を書き始めてから、約1カ月で脱稿します。しかし、初出版の方が原稿を書く速度は、ものすごく遅いのです。3カ月で書ければ、かなり速い方です。多くの方は6カ月以上、場合によっては執筆期間が1年以上に及ぶ場合もあります。

このように執筆時間が5~10倍も違ってくる理由は何なのでしょう?

新人作家がなかなか筆の進まない理由。それは「100点をめざして」原稿を書こうとするからです。新人作家の皆さんは、「せっかく本を書くのだから、最高の本を作りたい！」と意欲満々で臨みます。その結果、原稿用紙で1日数ページも書けないのです。

私は、「30点をめざして」原稿を書き始めます。「30点とは、さすがに意識が低すぎだろう」とツッコミが入りそうですが、これはまぎれもない事実です。

正確に言うと、**「30点の出来で、とりあえず最後まで書き上げる」**ことを目標とするのです。30点というのはどうでもよくて、20点でも、40点でもいいので、「とりあえず最後まで書き上げる」ことが重要なのです。

そして、最後まで書き上げたら、次はプリンターで印刷して加筆修正。「直し」の作業に入ります。1回の直しで、30点から50点になります。2回目の直しで、50点を70点の出来へと磨き上げます。そして、3回目の直しで70点を90点にしていく、というイメージです。

最初から100点をめざすと、いきなり名文を書かなければならず、それは新人作家にはまったく無理な話です。筆は進まないのに、ただ時間だけがすぎていきます。

とりあえず、最後まで通して書き上げないと、前後の関連性なども見えてきません。つまり、最初から100点のレベルで書き上げるというのは、誰であっても不可能なのです。

だからこそ、稚拙な文章でも、誤字脱字だらけでもいいので、最後まで通しで書いて、「直し」の作業に多くの時間を振り向けるべきです。

最初から精度の高い文章を書こうとする方は、結局最後は時間がなくなり、「直し」の作業の時間が足りなくなってしまいます。結果として、「チェック」の時間がなくなり、ミスが発生する原因となるのです。

私の「30点目標仕事術」では、4週間で書き上げる場合は、2週間で最後まで一気に書き上げるのです。残りの2週間は、「直し」の作業。とにかく、たっぷりと時間をかけて「チェック」しますから、ミスの確率は限りなくゼロに近づいていきます。

あなたの仕事で何か書類を作る場合も同じです。最初から、精度の高いものをめざさずに、とりあえず最後まで完成してから、細かい部分を詰めていく。全体→細部という流れ。

最初から100点をめざすと時間切れになって、100点のものはできあがりません。

このように**「最初は30点」をめざすからこそ、結果として100点の作品ができあがるのです。**

PART 2
アクションプラン

- 集中力が低下しやすい時間帯や曜日を避け、脳が冴えているタイミングを選んで仕事をしよう。
- 「緊急度」と「重要度」に「集中度」を加味した「樺沢式TO DOリスト」を活用しよう。
- 趣味・遊びに関することも「TO DOリスト」にすると実現率が上がる。
- 「調整日」を使うと仕事に余裕が出る。
- 仕事はまず30点をめざす。そこからブラッシュアップするのが最適。

PART 3

思考

トップギアの脳は「自己洞察力」で決まる

疲労に負けない無敵の生産性を維持する方法

自分の集中力・脳の疲労度に気付く「自己洞察力」が脳のパフォーマンスを決める鍵です。

脳をトップギアで維持するための「ノート術」「SNS 活用術」「思考法」の超・具体的メソッド。

「自己洞察力」を鍛えて集中力を保ち続ける

根本的に集中力を上げる方法

「PART 1」では「入力」、「PART 2」では「出力」という切り口で、実際に仕事や勉強、作業の実践の場において、集中力を上げるためにすべき具体的なノウハウについて説明してきました。

ここまでの内容を実践した方は、次のように言うかもしれません。

「いろいろとやったけど、まだ集中力にムラがあるような気がする」

「入力」や「出力」の場面で集中力を上げるノウハウは、即効性があり、今日から効果を発揮できる実践的なものなのですが、「もともと集中力が低く、気が散りやすい人」の場合は、環境や体調が変わるだけで、集中力が大きく上下します。こうした体質から脱却することは、簡単ではありません。

「入力」と「出力」レベルでのコントロールは、医療で言うところの「対症療法」です。即効性はありますが、根本的な原因に働きかける治療ではありません。

本章、「思考」でお伝えするのは、集中力が途切れやすい思考パターンを根本から治療する、「根治療法」ともいうべき方法です。

「自分の状態に気付く思考」が鍵を握る

「イントロダクション」において、集中力が低下する3つの原因について説明しました。

「集中力を保つ思考」を身につければ、ミスをする確率が極限まで減り、仮にミスをしたとしても、簡単にリカバリーできます。すると、自分自身に圧倒的な自信を持つことができるようになり、ミスや失敗も恐れないようになります。

それでは、集中力を安定して発揮できる思考とは、どのようなものなのでしょうか。ポイントは、「自己洞察力」です。

「1日のリズム、疲れ」「脳疲労・ストレス」「ワーキングメモリの低下」の3つです。この3つの原因をすべて取り除くことができれば、理論上、高い集中力と生産性を維持し続けることができます。そして、それは可能です。

(1) 今の自分の集中力は、高いのか、低いのか?

(2) 自分のワーキングメモリは高いのか、低いのか?

(3) 今の自分の脳は疲れていないか?

(4) 最近、集中力が高い時間をうまく利用できているか? いないか?

以上の4つのポイントを自分で正しく評価できれば、集中力が低下していることを素早く察知でき、パフォーマンスを回復することができます。

「最近、睡眠不足で疲れているし、今日もぶっ続けで仕事をしてかなりお疲れモードになっている。だから、1円でも間違えてはいけない重要な決算書のチェックを、今やるのは危険だな。今日はゆっくりと睡眠をとって、明日の午前中に終わらせよう」

あるいは、「今は、3時間もぶっ続けで作業して集中力が落ちているから、書類の最終チェックは少し休憩して、弁当を食べてからにしよう」といったように、「自分の生産性が低くなっている」ことを正確に把握できれば、その状況を避けることができるのです。

このように**自分をモニタリングする能力を、私は「自己洞察力」と呼びます。**

心理学では、自分自身の心の働きや状態を省《かえり》みることを「内省《ないせい》」と言います。自分自身を省みる能力が高い人のことを「内省傾向が高い」と言ったりします。ちなみに、メンタル疾患になる方の多くは「内省傾向が低い」方です。

「内省」という言葉は一般的ではなく、わかりにくいと思いますので、ここでは「自己洞察力」という言葉を使います。「内省」と言うと、どうしても「心」や「メンタル面」についてて省みる能力を指しますので、ここで言う「自己洞察力」は、「心」と「体」の両方をモニタリングする能力、と理解してください。

「集中力を保つ思考」は、次の3つのステップで行います。

【ステップ1】自己洞察

「今の自分は元気なのか？　疲れているのか？」

「今の自分の集中力は高いのか？　低いのか？」

「今の自分のコンディションは、仕事をするのにベストな状態か？」

「今、起きうるミスや失敗には、どのようなものがあるのか？」

【ステップ2】原因究明

「今回のミスはなぜ起きてしまったのか？　その原因は何なのか？」

「原因は『ワーキングメモリの低下』『脳疲労』『1日のリズム、疲れ』のどれか？」

「もし、今、疲れているとすれば、何が原因なのか？」

【ステップ3】対策

「もし、疲れているなら、回復するためにできることは何か？」

「起こりそうなミスを防ぐために、今、何ができるのか？」

「万が一そのミスや失敗が起きた場合には、どのように対処すべきか？」

「被害やダメージを減らすために、今できることは何か？」

「今回のミスを二度と起こさないために、今後、何を改善すべきなのか？」


以上が「集中力を保つ思考」のステップです。

このような自問自答が常に頭の中でできるようになると、ミスが怖くなくなります。

なぜなら、ミスはほとんど起こりませんし、もし起きたとしても事前に決めた対処法にしたがって、粛々と処理すればよいだけなので。

さて、この**「集中力を保つ思考」の流れ作業を適切にこなすために必須の能力が、「自己洞察力」**ということになります。

最初の「自己洞察」が間違ってしまうと、そこから先の「原因究明」も「対策」も、すべて間違ってしまいます。

「自分の状態は、自分が一番わかっている」は大間違い

うつ病の患者さんに、「自分の精神状態や体調を把握しましょう」と言うと、「自分の状態は、自分が一番よくわかっているから大丈夫です」という返事が返ってきます。

「自分の状態は、自分が一番よくわかっている」というのは完全な思い込みです。

自分の心と体の状態を、自分で正しく把握するのは、不可能です。

もし、自分の心と体の状態を正しく把握できるのなら、「うつ病」になることなどないでしょう。「健康」から「脳疲労」に一歩足を踏み入れた瞬間、「ああ、少し疲れているな」と休養を意識する。たったそれだけのことで、「脳疲労」が進行して「うつ病」に突入することを防ぐことができます。

私が出会った患者さんの例を挙げると、初診で奥さんと共にやってきた40代の男性Aさんがいます。Aさんに1時間ほど面接したところ、意欲低下、抑うつ気分など典型的なうつ症状を示し、程度で言えば中等度~重度。まだ入院の必要はないものの、このまま放置すると入院も必要なレベルになりそうです。状態としてはよくありませんでした。

私は言いました。「典型的なうつ症状が出ています。仕事を続けるのは難しいので、しばらく会社を休んで療養しましょう。1カ月の自宅療養の診断書を書きますね」。

すると、Aさんは言いました。「いえいえ、大丈夫です。明日も仕事に行きますので、診断書はいりません」。

「入院の一歩手前」の精神状態を、Aさん自身は「まだ大丈夫」と自覚していたのです。

また、職場でこんな話もよくあります。B課長は、非常に几帳面だったはずの部下のCさんが、最近、書類の書き間違いが多いので心配していました。そんな矢先に、Cさんは取引先との重要な会議をすっぽかしてしまいました。

B課長はCさんを呼んでこう言いました。「会議をすっぽかすって、どういうことだ！ 先方はカンカンになって、契約を解消するって言っているぞ。最近、書類のミスも多いし、少し疲れてるんじゃないか？」

Cさんは言いました。「大丈夫です。全然疲れてなんかいません。ちょっとうっかりしていただけです。今後は、絶対に同じようなミスはしません」。

こうしたCさんの状態をどう見るべきでしょう。私の診断ですと、重度の「脳疲労」か、軽度の「うつ病」を疑います。精神科で一度診察をしてもらうべきレベルです。しかし、本人の自覚症状は「大丈夫」なのです。なんというギャップでしょう。

明らかに、自己洞察力に不具合が生じています。

このように**「大丈夫」と言う方は、たいていの場合、「大丈夫」じゃないことがほとんどです。**

精神科に来る患者さんのほとんどは、実際の症状よりも、「はるかに軽い状態」だと思っています。全然大丈夫じゃない患者さんが、「大丈夫です。入院の必要はありません」「大丈夫です。通院も薬も必要ありません」と平気な顔をして言います。

つまり、自己洞察力の低い人は、自分が「無理」をしていることにまったく気付いていないのです。ですから、深刻な状態に陥ってもそれに気付かず、メンタル疾患になってもまったく気付かない。さらに、メンタル疾患になることで、自己洞察力はより一層低下しますから、余計に自己洞察できなくなる、という悪循環に陥ってしまいます。

「自分の状態くらい、自分で判断できます」と言う方もいますが、それもまた大きな間違いです。

ある研究では、実際の「睡眠時間」と「眠れている」かどうかの本人の自覚症状との相関を調べました。すると、**睡眠時間が不足している人ほど「眠れている」と答えたそうです。**このように、睡眠時間が不足すると、自己洞察力に不具合が生じます。

自己洞察力が正常に機能しなくなっているために、睡眠時間が明らかに足りていなくても、自分自身に対して「眠れている」「睡眠不足にはなっていない」と誤った判断をしてしまうのです。

「絶好調」や「健康」な状態においては、「自分自身の状態」をある程度は正しく把握できます。しかし、「脳疲労」に一歩足を踏み入れた瞬間、自己洞察力が低下するので、自分が疲れているかどうかもわからなくなります。

ブラック企業に勤めて、睡眠不足と疲労の蓄積で「うつ病」の状態に足を踏み入れても、本人は「仕事が忙しいから」くらいの認識で、その状態を放置してしまいます。そうなると、結果として「うつ病」はどんどん悪化して、最悪「自殺」という悲惨な結果になることもありえます。

そうならないためには、日頃から「自己洞察力」を十分に高めておくことが必要です。そうすれば、調子が悪くなっても、自分の状態を客観的に観察できます。「疲れ気味」「睡眠不足」「あまり集中できていない」「最近ミスが増えている」といった、脳疲労のごく初期の症状に自分自身で気付き、いち早く対応できるようになるのです。

「疲れています」と言える人は健康

前項の**全然大丈夫な状態ではないのに、自分は「大丈夫です」と言ったAさんとCさんの心理状態を、心理学用語では「否認」と呼びます。**

否認とは、誰かに正しいことを言われたときに、思わず否定したくなる心の働きのことです。本当は、自分は疲れているにもかかわらず、「それを自分で認めたくない」「人に知られたくない」という心理から、思わず「全否定」してしまいます。これが否認です。

たとえば、いろいろな検査をした結果、主治医から「あなたは、がんです」と告知された患者さんが、「私はがんではありません。この病院は信頼できないので、もっと大きな病院で調べてもらいます」と言うのも、否認の心理の表れです。

心や体が病気の状態に陥ると、モニタリング能力が正常に機能しなくなります。こうして、正しい自己洞察ができない状態となるのです。

では、もし、Cさんと同じ状況が自己洞察力が高いDさんに起こったとしたら、どうでしょう？

B課長「会議をすっぽかすって、どういうことだ！　先方はカンカンになって、契約を解消するって言っているぞ。最近、書類のミスも多いし、少し疲れてるんじゃないか？」

Dさん「大変申しわけありません。最近、残業続きで睡眠時間が足りておらず、スケジュール帳に記入ミスをしていました。今後は、同様のミスはしないよう注意します」。

自己洞察力の高いDさんの場合は、状況を否認するのではなく、「自分が疲れている」ということを認めるのです。

「大丈夫」を連発する人は、まったく「大丈夫」ではなく、「疲れています」と素直に認められる人が健康な人なのです。

ここからは、「自己洞察力を高める思考術」を筆頭に「原因探求思考」「確認思考」「数値化思考」など、「集中力を保つ思考」を手に入れるための実践法を紹介していきます。

Ⅰ ノート術　たった3分間の「ポジティブ脳ノート術」

書くことで自分の状態を客観視する

自己洞察力を高めることの重要性は、ご理解いただけたと思います。

では、自己洞察力を高めるには、具体的に何をすればいいのか？

ずばり、**日記を書くこと。**これが最も効果的だと思います。

「日記を毎日つけるなんて大変そう……」と思うかもしれません。そんな皆さんに、3分でできる日記療法をご紹介します。


今日あった出来事の中から「辛かったこと」と「楽しかったこと」を3つずつ書いてください。ただそれだけです。

「辛かったこと」というのは、「苦しかったこと」「残念だったこと」「不快だったこと」

「仕事での失敗」など、ネガティブな感情を引き起こした出来事のことです。
他方で、「楽しかったこと」というのは、「楽しかったこと」「うれしかったこと」「喜び」「楽しみ」「笑い」「仕事での成功」など、ポジティブな感情を引き起こした出来事のことです。たとえば、次のようなものです。

【辛かったこと】

・朝の電車がいつもより混んでいた
・書類のミスで上司に叱られた
・仕事の調子が上がらなかった

【楽しかったこと】

・ランチで初めて入ったラーメン屋があたりだった
・新規の契約を受注できた
・レンタルで借りたＤＶＤの映画が意外と面白かった

このように「苦しかったこと」を先に書いて、「楽しかったこと」をあとに書いてください。書き終わったときに、「楽しかったこと」のポジティブで明るい気分でワークを終了するためです。「苦しかったこと」をあとに書くと、ワーク終了後もネガティブな感情が続いてしまいます。

最初は、1項目1行程度の簡単な記録でかまいません。1個1行ですから、「辛かったこと」3個と「楽しかったこと」3個の6行でいいのです。長く書くよりも、毎日続けることのほうが大切です。

今日一日を振り返り、どんな出来事があったのかを思い出し、自分自身と向き合う習慣。この作業が、自己洞察力を鍛えるのです。

最初のうちは、「辛かったこと」は3つ書けても、「楽しかったこと」がなかなか出てこないかもしれません。そうした場合にも、どんなささいなことでもいいので、「楽しかったこと」は必ず3つ、絞り出してでも書き出してください。

「ぐっすり眠れた」「朝の目覚めが爽やかだった」といったことでいいのです。自分の体調やメンタルの状態をチェックして、「調子がよかった」のか「調子が悪かった」のかを思い出すと、いろいろ書けると思います。

「辛かったこと」は、無理して3つ書く必要はありません。なければ、「なし」でもいいです。**「楽しかったこと」は、多ければ多いほどいいので、5個、10個と、できるだけたくさん書くようにしてください。**

最初は書けなくても、続けていくとたくさん書けるようになっていきます。たくさん書きたい場合には、1項目1行にこだわらず、5行でも10行でも、具体的に好きなだけ書いていただいてかまいません。

患者さんに、この**「3分間日記療法」**をしてもらうと、最初の頃は全然書けない方がほとんどです。あるいは、「辛かったこと」はたくさんあっても、「楽しかったこと」は1つもなかった、という方が多く見受けられます。

しかし、1カ月、2カ月と続けていくと、次第にたくさん書けるようになります。たくさん書きたい場合は、好きなだけ長く書いてもらいます。不思議なことに、最初は1行も書けなかった患者さんが、3～6カ月くらい続けると、1日1ページ書けるようになります。

自分自身と向かい合い、自分の思考、感情と向き合うようになると、書きたいことがたくさん出てくるようになります。**1日1ページ書けるようになると、病気の方も、すごい勢いで治っていきます。**

これは書くことで、自己洞察力が飛躍的に向上し、自分の心の状態、体の状態を正確に把握できるようになるためです。

日記を毎日つけていると、今の自分の調子が「上向き」なのか「下向き」なのかが、明確にわかります。自分の思考や感情、「痛い」とか「だるい」とか「苦しい」といった、漠然とした体感も、「文字」として可視化することで、自分に起きている「変化」に誰でも気付けるようになるのです。

メンタル面の症状が改善してきている、病気が治っている、と自覚できるようになると、そこからの治りはものすごく速くなります。

いかがでしょうか。最初のうちは「めんどくさいな」と思うかもしれませんが、この「3分間日記療法」は、自己洞察力を向上させる最も効果的な方法です。

自己洞察力が向上すると同時に、思考がポジティブな方向へ向かいます。自分の人生の中にたくさんの「楽しい」を発見できるようになり、考え方も行動も前向きに変化していきます。

ポジティブ思考を養う「X（Twitter）術」

＝SNS活用術

短文日記で脳トレしよう

この「3分間日記療法」は、続ければ必ず効果が出るのですが、「日記を続けるのは難しい」と言う方は多いです。そんな人は、**X（Twitter）などのSNSを活用**しましょう。

1日の終わりに、今日の出来事から印象的な出来事を日記風にまとめて書く。**最初は200文字程度の短文でスタートすれば十分です。**慣れてくると、400文字以上書けるようになり、日記をつけるのが楽しくてやめられなくなります。

X（Twitter）の場合、あなたのフォロワーから「いいね！」やリプライがつくので、モチベーションが維持しやすいです。周りの人たちから励まされることで、楽しみながら、日記を書き続けることができます。

日記は「楽しいこと」を中心に書いたほうがいいです。悪口や誹謗《ひぼう》中傷はやめましょう。ストレス発散のために、どうしても悪口を書きたいのなら、誰も読まない「ノート」に手書きで書くといいでしょう。

SNSは誰が読んでいるかわからないので、基本ポジティブな内容を心がけることです。それが、「ポジティブ思考」のトレーニングにもなります。

自分が思っていること、感じていることを言語化する。このことが、自己洞察力をアップさせることにもつながるので、必ずしも「日記」でなくてもかまいません。「自分の考えを書く」ことで、同様の効果が得られます。

たとえば、私の場合は、本を読めば書評を書き、映画を観れば映画の感想をX（Twitter）に投稿します。その本を読んで自分がどう思ったか、その映画を観て自分がどう感じたのか。しっかりと自分と向き合って考えをめぐらさないと、文章は出てきません。同様に、書評や映画評を書くというのも、格好の自己洞察力トレーニングになります。

III 思考法 ①「忘れ物」をゼロにする「『紙』確認思考」

「5」を超えたら「チェックリスト」化

私は、6年前から加圧トレーニングをしていますが、ジムに通い始めた当初、ときどき「忘れ物」をしていました。

なぜならば、ジムに行くときは、「トレーニングシューズ」「Tシャツ」「短パン」「運動用ソックス」「スポーツタオル」「着替え用の下着」「シャワーセット（シャンプー、リンス、せっけん）」「バスタオル」「水（ペットボトル）」「サプリメント」の10品をすべて持っていく必要があるからです。

トレーニングの予約時間が迫り、あわてて出かけると、ついつい何か1品、忘れてしまいます。「トレーニングシューズ」「Tシャツ」「短パン」などはレンタルもしてくれますが、1品500円もかかってしまいます。

この忘れ物をゼロにする方法はないか、と考えたすえに、次のような**「持ち物チェックリスト」**を作って、壁に貼り出す方法にたどりつきました。

「トレーニング　持ち物チェックリスト」

- 1　トレーニングシューズ
- 2　Tシャツ
- 3　短パン
- 4　運動用ソックス
- 5　スポーツタオル
- 6　着替え用の下着
- 7　シャワーセット
- 8　バスタオル
- 9　水（ペットボトル）
- 10　サプリメント

ジムに行く前に、この「持ち物チェックリスト」の1番から順番に、デイパックに入っているかどうか必ず確認するようにしたところ、「忘れ物」が完全になくなりました。

なぜなら、「持ち物チェックリスト」に、必要な持ち物はすべて含まれており、それを確実にチェックすれば、「うっかり忘れる」ということは絶対にありえないからです。

先ほど述べたように、人間の脳は、「3個」までの物品名は確実に記憶できますが、5個を超えると、かなりあやふやになってきます。この場合、「10個」もあるので、記憶に頼ると、ワーキングメモリのキャパシティから考えて、ミスが起きるのは必然と言えます。

そのため、**「持ち物」や「準備する物品」などが、5個を超える場合は、記憶に頼らずすべて紙に書き出して記録しましょう。チェックリストを作ることです。**

とはいえ、最悪の場合「チェックするのを忘れる」こともありえますから、部屋の目立つ場所、壁などに「チェックリスト」を貼り出しておくのもいいでしょう。そうすれば、「忘れ物」をする確率は限りなくゼロに近づきます。

私はセミナーや講演会を月に数回、実施しています。ほとんどは、招待型セミナーではなく、自社開催のセミナーなので、セミナー開催のための物品を自分で持参しなくてはいけません。

必要な物品は、筆記用具、ポインター、参加者リスト、アンケート用紙、配布用チラシ、おつり（小銭）、領収書、名刺、テーブルタップ、延長コードなど、25品にも及びます。

最初の頃は、記憶だけを頼りに準備していたので、毎回、必ず1品くらい忘れ物をしていました。そこで私は、「セミナー持ち物リスト」を作成し、セミナーの当日、家を出る前に、印刷した「セミナー持ち物リスト」を1項目ずつチェックして、準備されているものはボールペンでチェックを入れる、という確認作業を行うようにしました。

そうすると、やはり「忘れ物」をすることが完全になくなったのです。

25種類もの物品を、「持ち物リスト」を作らずに、自分の記憶だけに頼るというのは無理な話です。

あなたの仕事、ビジネス絡みで何か準備をする場合でも、こうした「チェックリスト」を作らずに、空《そら》で準備している、ということはありませんか？

5個を超える場合は、必ずリスト化して、直前に確認（チェック）作業を行う。

これが習慣化できれば、確実に「忘れ物」をゼロにすることが可能になります。

「ミス2回」がチェックリスト作成のサイン

このチェックリスト活用法は、「忘れ物」に限らず、すべての業務に応用できます。

たとえば、あなたが会社で「納品」の担当で、「納品」に関してのミスを何度か繰り返した場合、ミスしやすいポイントをリスト化して自分専用の「納品チェックリスト」を作るのです。「納品」前には、必ずそのチェックリストで、ひとつひとつボールペンでチェックしてから、商品を発送することを習慣化すれば、「納品」に関するミスを限りなく減らすことができます。

もし、同じ作業や1つの仕事に関して、似たようなミスを2度犯したとすれば、それは相当に「ミスしやすい仕事」「ミスしやすい業務」と言えるでしょう。3度目のミスを引き起こさないためにも、「ミスを2回した段階で自分用チェックリストを作る」ことをルールにしましょう。


自分の記憶に頼ったり、なんとなく確認したつもりになっているからこそ、重要な見落としや、ミスを引き起こすのです。それらを防止するには、まずチェックリストを作成し、それを印刷。そして、1項目ずつ確認し、OKであればチェックボックスにボールペンでチェックを入れる、という「紙」と「書く」を組み合わせて手作業で確認をすれば、ミスをする確率をほぼゼロにすることができます。

Ⅲ 思考法 ②不安を消す「転ばぬ先の杖思考」

「ミスしたらどうしよう」を取り除く

本書を手にした方のほとんどは、集中力に悩みがあって、「ミスしたらどうしよう」「失敗したらどうしよう」といった不安を抱えていると思います。それを解消するために、本書を読んでいるはずです。

不安とは、脳科学的に言えば「扁桃体の興奮」です。慢性的な扁桃体の興奮は、脳を疲弊させて、注意力や集中力を低下させます。つまり、「ミスしたらどうしよう」といつも考えることが、ミスを引き起こす最大の原因になるのです。

では、どうしたら「ミスしたらどうしよう」という雑念を消すことができるのでしょう。

その方法は、簡単です。**「ミスしたらどうしよう?」を「ミスしたらこうしよう」に置き換えればいいのです。**

「ミスしたらどうしよう?」と心配しても、キリがありません。なので、事前に「ミスした場合」「失敗した場合」を想定して、どのようにそれをフォローすればいいのか、「ミスに対する対策」を練っておくのです。

たとえば、「明日、100人の前でプレゼンをしないといけない。本番で、頭が真っ白くなって、言葉が出なくなったらどうしよう」と心配になったとします。その場合は、

- **演台上の水を一杯飲んで時間を稼ぐ**
- **次のスライドがわかるように、映写スライドの一覧を用意しておき、話に詰まったらそちらを見る**
- **大きく深呼吸する**
- **忘れた部分は無視して次に進む**

などといった対策を練ります。

「ミスしたらどうしよう」と不安な気分になったときには、「対策してきた通りに実行すれば大丈夫」と心の中でつぶやいてください。そうすれば、それ以上不安な気持ちにはなりません。

・小話的なエピソードを準備して、困ったらその話を挿入して時間を稼ぐ

こうすると、漠然とした「感情」が「ＴＯ ＤＯ（やるべきこと）」「対策」に置き換わります。ミスした場合、失敗した場合は、この「ＴＯ ＤＯ」にしたがって、次のアクションを起こすだけでいいのです。

「転ばぬ先の杖」ということわざがありますが、**ミスに関してもこの方法で「転ばぬ先の杖」を用意しておけば、仮につまずいても大ケガを負うことはありません。**

私たちは、「ミスしたあとの対策」をきちんと考えておくことで、安心できます。結果として、ミスをしないで済むのです。「ミス対策」は、あなたのミスに対する「保険」「お守り」となって、あなたを助けてくれるでしょう。

Ⅲ 思考法 ③雑念を排除する「ルーティーン思考」

「いつもと同じ」で最高の集中を作り出す

「ミスしたらどうしよう」という雑念は、「ミスしたらこうしよう」を「TO DO」「対策」に置き換えることで消えてなくなる、と説明しました。この「転ばぬ先の杖」思考術は、実行すればかなりの効果が出ますが、とはいえ「ミスしたらどうしよう」の雑念を完全にゼロにすることは難しいものです。

人間は、追い込まれると、扁桃体が興奮して「不安」が呼び起こされると同時に、自分の意思とは関係なく「ミスしたらどうしよう」という雑念がわき上がってしまうからです。

しかし、それをきれいさっぱり消す方法があります。それが**「ルーティーン」**です。

スポーツ選手が大舞台で外せないキックを決める、ここぞという場面でヒットが打てる。大事な場面で結果を出す彼らの裏に、「ルーティーン・ワーク（決まりきった所作、仕事）」があることに注目が集まっています。

たとえば、2015年のラグビーワールドカップでは、日本代表のフルバック、五郎丸歩選手が、ペナルティーキックを蹴る前に、両手の人差し指を合わせる仕草が話題を呼び、多くの子どもたちが真似していました。

また、元メジャーリーガーのイチロー選手は、バッターボックスに立ち、バットを手前に突き出して、左手で右の袖を引っ張る仕草をします。彼は、それに加えて、寝る時間や食べる時間などを試合時間から逆算して決めていたり、バットの置き方までこだわったりしているのは有名な話です。

彼らのような**一流選手が行う「ルーティーン」は、脳科学的に見ても集中力を高めて雑念を排除するのに効果があることは間違いありません。**

試しに五郎丸選手の動きをそっくりそのまま真似てみてください。

ボールをセットして、両手の人差し指を合わせるポーズをしたあと、すぐにキックのモーションに入ります。

さて、この五郎丸選手の真似をするときに、「ミスしたらどうしよう」「ミスしたらどうしよう」「ミスしたらどうしよう」と3回唱えてください。

おそらく、不可能だと思います。

「ミスしたらどうしよう」と唱えようとすると、ルーティーンの動作ができなくなってしまうはずです。逆にルーティーンの動作をするということは、「ルーティーンの動作をする」ことで、脳のワーキングメモリを占拠するということを意味します。

「まずボールをセットする」「次にルーティーンの動作」「間髪いれずにキック」という流れが、脳内のワーキングメモリ（3つのトレイ）を占拠しますので、「ミスしたらどうしよう」という雑念が入り込むスペースがなくなるわけです。

「一点集中タスク術」（65ページ）のところで、「人間の脳はマルチタスクができない」と説明しましたが、**「ルーティーンを行う」と「心配事を考える」という2つの作業を同時に行うことはできないのです。**こうした「脳の限界」を逆手にとることで、雑念や心配事が入り込む余地をなくすことができる、というわけです。

緊張しやすい場面で、自分なりの「ルーティーン」を作っておけば、「ルーティーンの動作をする」ことに気をとられて、あなたの脳は不安や心配事を考える余地がなくなるのです。

自分なりの「ルーティーン」を作る場合、1つだけおさえておいていただきたいポイントがあります。それは、「3つ以上の動作が組み合わさっている」ということです。あまりにも単純な動作だと、ワーキングメモリに余裕が出てしまうので、雑念がわき上がってしまいます。

先ほど紹介したイチロー選手のネクストバッターズサークルでのルーティーンは有名ですが、それを分解すると次のようになります。

（1）軽くバットを振る（3回）
（2）バットを大きく回す（2回）
（3）膝を開いて屈伸（2回）
（4）膝を閉じて屈伸（1回）
（5）股を開いて肩入れ（2回）
（6）軽くバットを振る（1回）

こうして見ると、なんと、6個の動きが合計11回行われているという、きわめて複雑なルーティーンになっています。ここまで複雑だと、「雑念」が入る余地がなくなります。

複雑な「ルーティーン」をこなすことで、「ミスしたらどうしよう」という余計な雑念は完全に排除され、集中力が高まり、最高のパフォーマンスを発揮することができるのです。

III 思考法

④事故を未然に防ぐ「ヒヤリ・ハット思考」

医療現場で使われる心理戦略を応用する

「ハインリッヒの法則」という有名な法則があります。

損害保険会社の技術・調査部に勤務していた、ハーバート・ウィリアム・ハインリッヒは、ある工場で発生した5000件以上の労働災害を統計学的に調査し、「1対29対300」という興味深いデータを導きました。

「重傷」以上の災害が1件あったら、その背後には、29件の「軽傷」を伴う災害が起こり、300件もの「ヒヤリ」もしくは「ハット」した傷害のない災害が起きていた、というこ

図8　ハインリッヒの法則

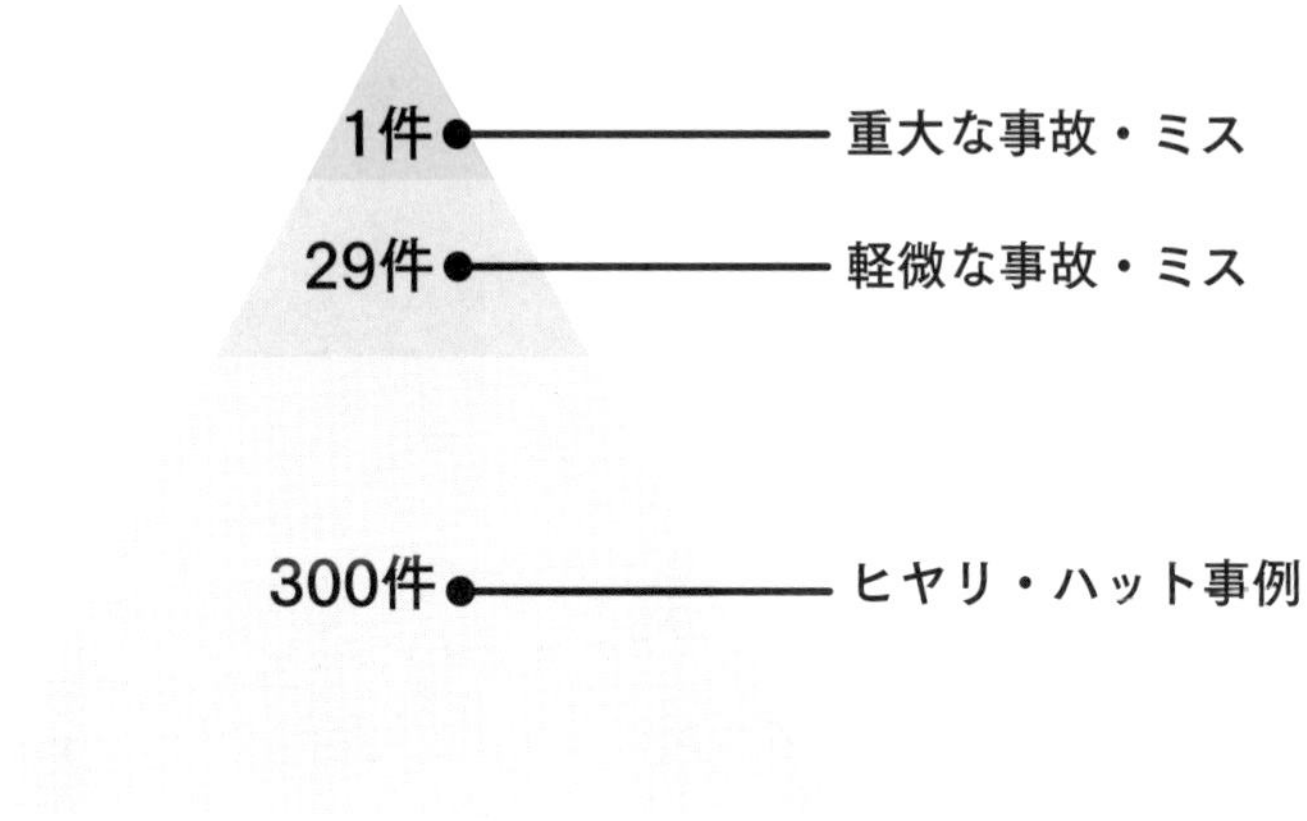

とです。

「大きな事故」「小さな事故」「ヒヤリ・ハット事例」は、1対29対300の割合で生じます。つまり、「大きな事故」を減らすためには「小さな事故」を減らせばいい。そのためには「ヒヤリ・ハット事例」を減らせばいいのです。

「ヒヤリ・ハット事例」をたくさん集めて、それに対して1つずつ対策を講じていく。そうすると、「ヒヤリ・ハット事例」が減少し、「小さな事故」も減少し、結果として「大きな事故」が防げるというわけです。

　私は昔、ある病院に勤務していたときに、院内の「医療事故対策委員会」に所属していました。そこでは何をするのかというと、院内の「ヒヤリ・ハット事例」をとにかくたくさん集めるのです。あやうく事故になりそうな、ヒヤリ・ハットする事例が起きたときは、必ず報告するように、医師も看護師も義務付けられていました。

そこは大きな病院だったので、1カ月何十件、年間で何百件というヒヤリ・ハットする事例が上がってきますが、似たような事例も多数報告されます。決まったパターンのヒヤリ・ハットが多いのです。

そして委員会では、そのよくあるヒヤリ・ハットへの対策を考えて、「安全マニュアル」を作ったり、現行のやり方を変更したりします。

状況把握↓原因分析↓対策。「ヒヤリ・ハット事例」や「小さな事故」が生じた場合、その原因を分析して、徹底して対策を行うことで、「大きな事故」は防げます。

この「事故」という言葉を「ミス」にそのまま置き換えてみましょう。

「大きなミス」「小さなミス」「ヒヤリ・ハット事例」は、1対29対300の割合で生じるのです。

あなたの仕事に関して、「ミス」というほどには、誰かに迷惑をかけたり、ダメージを与えたりはしなかったものの、そのまま放置すると大きな失敗につながったかもしれない「ヒヤリ・ハット事例」を、普段から蓄積しておきましょう。

ほとんどの方は、「ああ、危なかった」と思っても、次の瞬間にはそれを忘れてしまいます。ですから、「ミスにつながりそうなヒヤリ体験」をしたときは、必ずメモをとって記録に残すようにしてください。継続的に記録していれば、同じような「ヒヤリ」が繰り返されていることに気付くはずです。それに対して、**「チェックシート」を作って確認したり、「貼り紙」をして注意をうながしたりするなど、ヒヤリ・ハットを減らすための対策を講じてください。**

ヒヤリ・ハット10回に対して「小さなミス」が1回起きる計算ですから、ヒヤリ・ハットを減らすことができれば、ミスは確実に減らせます。

Ⅲ 思考法

⑤数値で把握する「C－3PO思考」

客観視する習慣で自己観察能力を鍛える

映画『スター・ウォーズ エピソード4／新たなる希望』の1シーンです。帝国軍の追撃を受けたミレニアム・ファルコン号は、小惑星帯に逃げ込みます。小惑星にぶつからないように、ファルコン号を必死に操縦するハン・ソロ船長にC－3POは言います。

「小惑星帯をうまく抜けられる確率は3720分の1です」

あるいは、『スター・ウォーズ エピソード5／帝国の逆襲』の冒頭シーン。厳寒の雪原で遭難し帰還しないルークを心配するレイア姫。C－3POは言います。「生存確率は725分の1です」

このように、C－3POが具体的な「数字」を言って、他の人をギョッとさせるシーンが、映画『スター・ウォーズ』には、何度か登場します。

「数値化」すると、事実を端的に伝えられるので、自分自身を客観視するのに有効です。C－3POのように、状況を「数字」で表現できると、自己洞察力は飛躍的にアップします。

今の状態は100点満点で何点？

こうした、「数値化」して自分を客観視する思考法の有効性を示す事例として、うつ病で通院中の40代女性のSさんの事例をご紹介しましょう。

Sさんは、「具合が悪いです。最悪です」が口癖です。診察のたびに、毎回「具合が悪いです。最悪です」を繰り返します。

あるとき、私は言いました。「今まで一番調子が悪かった状態を0点。今まで一番調子がよかった状態を100点とすると、今日の調子は何点ですか？」

Sさんは、言いました。「35点です」

「えっ？　0点じゃないんですか？」

「入院していたときは、本当にひどかったので0点でしたが、今はそれよりましです」

「具合が悪いです。最悪です」を連発するSさんの今日の状態は、なんと0点ではなく、35点だったのです。それ以後、Sさんに「今日の状態は100点満点で何点ですか？」という質問を繰り返しするようにしたところ、「今日は40点です」「今日は50点です」と、点数が徐々に増えていったのです。

「3カ月前は、35点だったので、だいぶよくなってきましたね」

「そういえば、最近、少し調子いいかも」

ある日Sさんは、自分の症状の改善を自覚できるようになりました。するとSさんからいつの間にか、口癖だった「具合が悪いです。最悪です」を聞くことはなくなりました。人生の中で最悪の気分の日は、そう何度もあるはずがないのです。

自分の気分や症状を「数値化」できるようになったSさんは、明らかに「自己洞察力」がアップして、自分の病気がよくなっていることを自覚できるようになりました。それをきっかけに気分も明るくなり、前向きに物事をとらえられるようになり、一気にうつ病から回復していったのでした。

私は、精神科の診療の現場で、**「今の状態は何点ですか？」**という数値化をよく使います。この質問に答えることで、どんなに具合の悪い患者さんでも、一瞬にして自分の体調、心の状態を観察し始めます。過去の自分の状態と今の自分の状態を比較し始めます。一瞬で、「自己観察」モードに突入し、何度か繰り返せば、「自己洞察力」が向上します。

たった15秒の「起床瞑想」

自分の状態を「数値」で把握するために、私が毎朝最初にやることをご紹介しましょう。

それは、**目覚めたときの気分を、100点満点で評価することです。**起床直後に自分と向き合う。このワークを私は「起床瞑想」と呼びます。

「目覚まし時計が鳴る前にスッキリ目覚めたから、今日は100点！」

「気力、体力ともに充実。95点！」

「体が重たい。もっと寝たい。60点。ああ、二日酔いだ！」

90点以上の日がほとんどですが、たまに、点数が低い日もあります。

そんなときは、必ず「気分が悪い」「調子が悪い」理由を考えてみます。

私の場合は、「前日にお酒を飲みすぎた」「寝る時間が遅かった」とわかります。

「仕事の疲れがたまっている」「昨日、上司に叱られて落ち込んでいる」「最近、胃腸の調子が悪い」など、この他にもいろいろな理由が考えられるでしょう。

調子が悪い日だけではなく、調子がいい日も、その理由を考えてみましょう。

「昨日、ジムで運動したから」「昨日、ゆっくりお風呂に入ってリラックスできたから」

など、調子がよい理由もいろいろと見つかるはずです。

このように、朝起きたときに、気分、心身の状態を100点満点で評価し、その理由を考えましょう。30秒もかからないはずです。慣れてくれば15秒でできるようになります。

また、**その「点数」と「理由・原因」を簡単な表現でいいので、日記やノートに記録してください。**長期の記録を見返すことで、「自分は日照時間が減る秋から冬に調子が悪くなる」とか、「夏場の暑い時期に調子を崩しやすい」といったように、自分がいつ「好調」か「不調」かを知ることができます。

起床瞑想を習慣化すると、自己洞察力が飛躍的に向上します。そして、「疲れ気味だ」「調子が悪い」「睡眠が足りていない」「仕事が忙しくて、ストレスが多い」などといった自分の心身の状態を、いち早く察知できるようになります。

すると**「脳疲労」の一歩手前で、自分の健康をコントロールできるようになります。**いつも心技体ともに充実した状態で、仕事に臨むことができるようになるのです。

そして、今度は「健康」→「絶好調」になるように、コンディションを調整できるようになります。「絶好調」の状態を維持できれば、ゾーンにも入りやすい。高い集中力と生産性を長期間にわたって発揮し続けられるはずです。

PART 3
アクションプラン

- 自分の体の状態を数値などで客観的に把握する「自己洞察力」が集中力向上の鍵。
- ノートや日記に書くときは、前向きな内容を多めにするとポジティブ思考ができるようになる。
- X（Twitter）などのSNSで楽しかった出来事を投稿すると、自己洞察力のいいトレーニングになる。
- 覚えることが「5個」を超える場合はチェックリストを作り、目で確認を習慣化しよう。
- 「不安な気持ち」がミスを生む。対策を事前に練り、ルーティーンワークも取り入れて心を整えよう。

PART4 整理

脳の棚卸しで
パフォーマンスを上げる

雑念や誘惑に打ち勝つメンタルを作る方法

気が散らないようにするためには、「物質的な整理整頓」よりも「脳内の整理整頓」が重要です。

自制心を奪うような心理的要因を遠ざける、「脳内整理」「ストレス整理」の実践法をご紹介します。

感情を整えて気が散らないようにする

「整理整頓」より「脳内整理」

集中するための「整理術」と言うと、多くの方は作業机や、その周りの作業スペースの整理整頓をイメージするでしょう。確かに机の周りが雑然としていると、気が散ってしまう原因になりますから、物理的な整理整頓は重要です。

しかし、**本書で取り扱う「整理術」は、頭の整理術。いわば、脳内整理術です。**脳内の情報を整理し、余分な情報は捨てて、シンプルでクリアな状態にしておくことは、物理的な整理整頓以上に重要なことです。

さらに、**ストレスの整理と感情の整理も大切**です。ストレスを抱え、イライラしている状態では、すべきことに集中できず、スマホ、ＳＮＳやゲームなどの誘惑に負けてしまいます。ストレスを整理し、感情も整理しましょう。メンタル的な安定が、注意力・集中力を発揮するためには不可欠です。

Ⅰ　脳内整理

①きれいに忘れる「荷降ろし脳整理術」

脳内に記憶スペースを作る

たとえば、私が本を1冊書くとき、執筆テーマに直接関係するものはもちろん、ジャンルの異なるものも含めて、たくさんの本を読み、参考にします。

『神・時間術』（大和書房）を書いたときは、巻末の「参考図書」に挙げている本だけで24冊。そこに含まれない本も20～30冊はあるので、合計すると50冊を超える本を参考にしました。さらに論文のコピーなども大量にあります。

私が本を書き終わり、「校了」といって、原稿のチェックが終了した日にする儀式があります。それは、これらの本と論文を段ボール箱に詰めて、物置にしまうのです。

なぜそんなことをするのかというと、「物理的スペース」と「脳内の記憶スペース」の確保のためです。「物理的スペース」というのは、本の置き場所のことです。

「物理的スペース」の確保よりも重要なのは、「脳内の記憶スペース」の確保です。

つまり、今の本のテーマの情報や知識について、書き終わった瞬間にすべて忘れるようにする、ということです。なぜならば、意識的に忘れようとしない限り、「脳内の記憶スペース」は確保できないからです。

「忘れる」「消去する」と言っても、自分の記憶を自分で選んで消去することはできませんから、あくまでも「気分」の問題です。「もう全部終わったので、きれいさっぱり忘れよう」という気分に、意識的に切り替えるわけです。

「時間術」に関する知識については、この1冊にすべて出し尽くした。もし、忘れたとしても、必要があれば自分の本に目を通せばすぐに思い出せる、と言い聞かせるのです。すると、不思議なことに、「時間術」に関する知識が、自分の頭の中からスッキリと消えてなくなります。これを私は、**「逆ツァイガルニク効果」**と呼んでいます。

「逆ツァイガルニク効果」を活用する

ロシアの心理学者のツァイガルニクは、行きつけの喫茶店である発見をしました。それは、店員は、客のオーダーを正確に記憶しているのに、注文の品を出した途端、オーダーの内容をきれいさっぱり忘れてしまう、ということです。

ツァイガルニクはこの発見を、のちに心理実験を行い「目標が達成されない未完了課題についての記憶は、完了課題についての記憶に比べて想起されやすい」と結論付けました。これをわかりやすく言うと**「途中の出来事は記憶に残りやすい」**ということです。これを「ツァイガルニク効果」と呼びます。

テレビ番組で、盛り上がってきたタイミングを見計らって「続きはCMのあとで」とCMが入ったり、連続ドラマで「このあとどうなるのか？」と先が気になるところで終わってしまったりするのも、このツァイガルニク効果を利用して、視聴者の注意を喚起しているわけです。

人は課題を達成しなくてはいけないという場面において緊張状態に陥りますが、この緊張は課題が達成されると解消され、課題自体を忘れてしまいます。反対に、途中で課題が中断されたり、課題を達成できなかったりすると、緊張状態が持続してしまいます。未完の課題が記憶に強く残るのはこのためです。

逆に言えば、「完了した出来事についての記憶は、忘れやすい」ということです。

完了していない課題は、緊張状態が持続しています。つまり、それは「脳のリソースを消費している」ということでもあります。喫茶店の店員であれば、5～7人くらいのオーダーは覚えられるでしょうが、10人を超えるとかなりあやうくなるでしょう。一時的に記憶していられる時間はオーダーが出るまでですから、せいぜい5分から10分くらいの間は、ワーキングメモリと短時記憶を使って記憶にとどめていると考えられます。そして、この件に関しては「完了しました」もしくは、「終了しました」という入力があると、脳は緊張を解除するとともに、短期的な記憶を削除するのです。

このように、**終了した案件に関して、物理的にも、情報処理的にもスッキリと忘れることを意識する方法を、私は「脳の荷降ろし」と呼んでいます。**

私の場合で言うと、執筆を終えた本に関する参考書物を、自分の部屋からすべて片付けてしまうのと同時に、頭の中も、それまでの知識をすべて片付けてしまうのです。

こうした「脳の荷降ろし」をすることで、脳の中に次のインプットをするための膨大な「スペース」ができあがります。

たとえば、アパレルショップでは、季節ごとに「バーゲンセール」が行われます。売り場面積は限られています。売れ残った商品を陳列しておくより、これからのシーズンに向けた新商品を置いたほうが売れやすいので、新商品の陳列スペースを確保するために、定期的に商品の「荷降ろし」をしているわけです。

これと同じことを、脳内でもやりましょう。あなたの仕事が一段落したら、それに関する資料などをすべてまとめて整理する。頭の中もすべて切り替えて、「新しい仕事」に関するインプット場所を確保するために、脳内スペースに空きを作ってください。

Ⅰ 脳内整理 ②電車でボーっと脳内整理法

「何もしない時間」で1人会議

電車に乗っているとき、あなたは何をしますか?

ほとんどの方は、スマホをいじっていると思います。実際に電車内を観察しても、7、8割、場合によってはほぼ全員がスマホをいじっていることもあります。

一方で、私は、読書、もしくはボーっとしていることが多いです。

しかし、何もしていないわけではありません。**「ボーっとしている」といいながら、同時に脳の整理をしているのです。**脳の整理をする場所として、電車内は最適な場所だと思います。満員電車では、立っているしかありませんから、邪魔が入りません。他の人から話しかけられることもないし、電話に出る必要もない。これはある意味、雑念を完全に遮断でき、誰からも邪魔されない、理想的な「缶詰め」状態とも言えます。

私は、1カ月に数回、セミナーや講演を開催しています。私は同じ内容を2度話すのが嫌いなので、それらの内容は毎回、すべて「新作」ということになります。

「樺沢さんは、セミナーの準備にどれくらい時間をかけるのですか?」という質問をされますが、90分のセミナーですと、基本的には1日です。3時間のセミナーはスライド数で150枚を超えるので、さすがに1日では無理で、2日かかります。

これを言うと、ほとんどの方は「よく、そんなことができますね!」と驚きます。

ただ、これには秘密があります。「電車でボーっと脳内整理法」を行っているのです。

セミナー開催の2週間くらい前から、アイデアを練り始めます。「今度のセミナーでどんなことを話そうか」と考えるのですが、一番いいアイデアが出るのが、実は電車の中だったりします。ここでは、しっかりとしたアイデア出しというよりも、「あれもいいかな？　これもいいかな？」といった、ゆるいブレインストーミングを繰り返します。

周りから見ると「ボーっとしている人」に見えるでしょうが、私の頭の中ではゆるやかにさまざまなアイデアが行き交いながら、別のアイデアが生まれているのです。

ゼロから何かを生み出す「アイデア出し」というよりは、頭の中にある過去の経験、知識、情報などから、次回のセミナーで使えそうなネタをゆるく検索しているイメージです。そのため、**「アイデア出し」というよりは、「脳内整理」**なのです。

電車内の時間や歩いている移動時間、あるいはジムでウォーキングマシンで歩いている時間などに、「脳内整理」を繰り返していると、「これ、使えそう！」というアイデアが、たくさんたまってきます。

アイデアがある程度たまってきたら、次に、それを一気に紙に書き出して、セミナーで話す順番通りに構成します。その作業は、15分から30分程度。構成が決まれば、あとはパワーポイントを使って具体的にプレゼン用のスライドを作るだけです。

つまり、**手先を動かす物理的な作業時間としては、「1日」で準備しているのです**

が、実際は「電車でボーっと脳内整理」に「2週間」かけているのです。

「電車でボーっと脳内整理」で重要なのは、ちょっとした問題意識を持つことです。たとえば私の場合ですと、「電車を降りるまでに、次のセミナーの内容について考えよう」という意識を持って電車に乗ります。ボーっとしているようで、頭の中では1つのテーマについて、ゆるやかに脳内会議が行われているのです。

たとえば、「次の企画会議に提出するアイデアについて考えよう」「来月のプレゼンの構成について考えよう」「今日、これから書くブログのネタについて考えよう」といったように、自分にとっての今の懸案事項を「問題」として意識することで、電車を降りるまでの間に、さまざまな意見やアイデアを得ることができます。

創造性の4Bという言葉があります。**4Bとは「バー（Bars）、バスルーム（Bathrooms）、バス（Buses）、ベッド（Beds）」のことです。**これらの4Bは、多くの人がアイデアがひらめきやすい場所として知られますが、「ボーっと脳内整理」をする場所としていずれも格好の場所なので、電車やバスでの移動時間以外にも、入浴時間や、カフェやバーで1人でいる時間などを活用して、「脳内整理」を行うといいと思います。

「ボーっとする」は、脳科学的に正しい

X（Twitter）を見ていると、「今日1日、何もしないでボーっと過ごしてしまった」という投稿を見かけます。語尾から察するに、時間を無駄にして後悔しているのでしょう。私なら、同じシチュエーションになったときに「今日1日、何もしないでボーっとして過ごせた。なんて贅沢な1日だろう」と投稿します。

現代の日本人は、「何もしないでボーっと過ごす」というのは、「時間の無駄」と考える方が多いのでしょうが、これは絶対に「無駄」ではありません。

日中、忙しく仕事をして、情報の嵐にさらされる中、帰りの電車でも、家に帰ってからも、そして寝る前も、スマホで情報をチェック。そして、仕事が休みの土曜、日曜も、スマホやパソコンを開いて、情報にさらされてあわただしく1日を過ごす。

こうした過ごし方について、私は、「どこまでインプットが好きなんだよ」と思います。多くの人は「楽しい」からスマホをいじったり、ゲームをしたりしています。それは、

脳が興奮すると、「楽しい」と感じるものだからです。テレビゲームなどがいい例です。

しかし、「脳疲労」状態の脳内にさらに情報を詰め込む行為は、集中力の低下を引き起こす原因を自ら作っているのと同じです。

だからこそ、「ボーっとして時間を過ごす」ことは、時間の無駄のようでいて、忙しく働く日本人には、「非常に大切な時間」なのです。

最近の脳科学研究でも、「ボーっとする」ことの重要性が示されています。

私たちが、**特に何の作業もしていないとき、脳内では「デフォルトモード・ネットワーク」が稼働しているのです。**

「デフォルトモード・ネットワーク」とは、いわば「脳がスタンバイしている状態」。この状態の中、私たちの脳は、これから起こり得ることをシミュレーションしたり、自分の過去の経験や記憶を整理、統合したり、今の自分が置かれている状況を分析したりと、いろいろなイメージや記憶を想起させながら、「自分のこれからをよりよいものにしていくための準備」を整えているのです。

ワシントン大学の研究によると、デフォルトモード・ネットワークを稼働させてぼんやりしているときの脳内では、通常の活動時の15倍ものエネルギーが消費されている、という結果が出ました。つまり、脳は活動しているときよりも、「ボーっとしている状態」のほうが活動的なのです。

そして、**「ボーっとしている時間」＝「デフォルトモード・ネットワークが稼働する時間」が少ないと、私たちの脳の前頭前野が司っている、物事を深く考える機能が低下してしまいます。**

その結果、注意力・集中力、思考力などが低下し、脳の老化も進みやすくなります。

「ボーっとしている時間」は、絶対に必要なのです。電車の中というのは、ボーっとするのにとても適した時間ですが、その際にスマホを使ってしまうと、デフォルトモード・ネットワークの機能が低下し、「集中力が低い脳」を作ってしまうのです。

Ⅱ 行動整理

折れない自分を作る「失敗と成功の整理術」

失敗は「フィードバック」して忘れ、成功は噛みしめる

よく、失敗を引きずる方がいます。そうした方は、失敗したときの様子がリアルに思い出され、また失敗するのではないかと不安になりがちです。

これは、失敗体験が整理されていないことが原因で起きる現象です。

失敗は忘れ、成功を噛みしめる。これが**「失敗と成功の整理術」**のポイントです。

何か仕事で失敗した場合には、「なぜ失敗したのか（原因）」と「どうすれば、二度と同じ失敗を繰り返さないのか（対策）」を明らかにする。フィードバックする必要があります。**ミスや失敗から、原因と対策を導き出すことができれば、あとは失敗体験とそのときの「辛い」「苦しい」などといった負の感情は、きれいに忘れたほうがいいのです。**大切なことは、こうした負の感情を何度も思い出さないようにする、というこ

とです。

たとえば、失恋したときに、友達A子さんに失恋話をして、次の日は友達B子さんに同じ話をして、次の日はC子さんにまた同じ話をする、という女性がいます。

そうした方の多くは、「前の彼氏を、忘れたいのに忘れられない」と言います。しかし、3日連続で同じ話をすると、記憶が強化されるので、忘れられないのは当然でしょう。

同じ話を何度も繰り返すことで、私たちの記憶は強化されます。「ストレス発散になる」と思って、他の人に話せば話すほど、ますます忘れられなくなっていくのです。くれぐれも、「人に話す」のはせいぜい1回にして、繰り返し失敗体験を話すのはやめましょう。

「失敗体験」が鮮明に記憶されるほど、「また失敗するのではないか」という恐怖感が強まるのです。もし、失敗体験がよみがえってくるのなら、それについての「対策」を思い出してください。「対策をしっかりやるしかない！」と心の中でつぶやいて、今できる対策に集中するしかないのです。

一方、「成功体験」は何度でも話すべきです。何度も話すことによって、「成功」にまつわる記憶が強化されて、自信がわいてきます。日記をつけている人は、「成功体験」については、できるだけ詳しく書き残しておくのがいいでしょう。

失敗は「フィードバック」して忘れる。成功は噛みしめる。

これを繰り返していくと、あなたの頭の中は「成功体験」で埋め尽くされていきます。それに伴って、どんどん自信がついてきますし、不安もわかなくなります。

不安というのは、無意識レベルで過去の自分の経験値と照合して、「失敗確率が高い」と判断しているからこそ、わき上がってくるものなのです。逆に、１００％成功する、と確信していれば、不安になることはありません。

「成功体験」の記憶を強化し、「失敗体験」の記憶をあいまいにすることで、不安は減り、自信に満ちあふれた状態になるのです。

III ストレス整理

心を整える「ストレス整理術」

ストレスは「裏社会の首領《ドン》」である

ストレスの整理がなぜ必要なのか、というと、**ストレスを放置しておくと、集中力の低下を引き起こす重大な原因となるためです。**「イントロダクション」では、集中力低下の原因として「1日のリズム、疲れ」「脳疲労・ストレス」「ワーキングメモリの低下」の3つを挙げましたが、長期的なストレスがかかると「脳疲労」に陥ります。さらに、「脳疲労」が進むと同時に前頭葉の機能も低下するため、「ワーキングメモリ」の機能も低下します。

また、長期的なストレスによって分泌されるストレスホルモン、コルチゾールは、耐糖能の異常を引き起こし、血糖値を高くします。その結果、糖尿病の原因にもなります。糖尿病は認知症の重大なリスクファクターの1つですから、コルチゾールは「脳の老化」を進めて、間接的に認知症を進行させるのです。

つまり、**長期的なストレスにさらされると、本書の冒頭で挙げた3つの集中力低下の原因が連鎖的に引き起こされます。**つまりストレスは、これらすべてに大きな影響力を持つ「裏社会の首領《ドン》」のような存在です。

あなたが最近集中力を持って仕事をできていない場合、ストレスが増えていないかをきちんとチェックしてください。ストレスの原因と向き合い、整理していくことが重要です。

多少のストレスは有効活用できる

「ストレス解消」「ストレスをなくす」「ストレスをゼロにする」といった本がたくさん出ていますが、最近の研究では「ストレスはあってもいい」「ストレスをゼロにする必要はない」という考え方もあるようです。

たとえば、スタンフォード大学の心理学者、ケリー・マクゴニガルの『スタンフォードのストレスを力に変える教科書』（大和書房）では、**「ストレスは悪いもの」という考えを「ストレスは役に立つ」「ストレスを力に変える」という発想に切り替えるこ**

とで、ストレスの害から逃れることができる、と主張されています。

これにならって、本書でも「ストレスをなくす」のではなく、ストレスを上手に処理する意味で、「ストレスを整理する」という表現を使いました。現代社会で忙しく働くビジネスパーソンにとって、ストレ人をゼロにすることは不可能であり、実際、ゼロにする必要もないのです。ストレスはあってもいい。上手に整理すればいいのです。

ストレスホルモンは「コーヒー」のようなもの

長期的にストレスを受け続けると、副腎皮質ホルモンであるコルチゾールが増加します。これは、通称「ストレスホルモン」とも呼ばれます。

コルチゾールは、一種の抗ストレスホルモンです。ストレスに対処して、体を活発にする気つけ薬みたいなもので、すべての人の体内で分泌されており、朝起きてからその分泌量は高まり、夕方から夜にかけて、だんだんと低下していきます。

コルチゾールは、いわば飲むと体がシャキッとする、朝のコーヒーのようなものです。朝から昼にかけて分泌量が増えるコルチゾールですが、これが夜に分泌されてしまうと、体に悪影響を及ぼします。なぜなら、夜なのに体が昼のモードのままであるため、十分に体が休まらず、疲れがとれないからです。

私たちの体は、夜に免疫力を高めようとしますが、このようにコルチゾールが夜にも分泌されていると、免疫力が抑制されてしまい、さまざまな病気の原因となります。

寝る前にコーヒーを飲んでしまって、眠れなくなったことはありませんか？　こうした状態が、コルチゾールによっても引き起こされるのです。

正常な人は、夜間になるとコルチゾールが下がるのですが、長期にわたって過度のストレスがかかっている方は、下がらなくなってしまいます。これが一番の問題なのです。うつ病の患者さんなどにも、夜間のコルチゾールの高値が認められます。

ストレス過多は記憶を破壊する

コルチゾールの高値が持続すると、体にいろいろな悪影響があります。「ミスを引き起こす」という意味でいえば、「海馬」に対する影響は見逃せません。

海馬とは、脳の真ん中あたりにある、アーモンド状の非常に小さな部位です。脳に入ってきたすべての入力情報は、この海馬をいったん通過します。そして、この記憶の「仮置き場」である海馬で、2～4週間ほど記憶が保管されます。その間にその情報が何度か使われると、「重要な記憶」ということで、脳はその情報を長期記憶として保存するのです。

海馬は、このコルチゾールの受容体が、他の脳の部位に比べてきわめて多いため、非常にストレスに弱いのです。「受容体」というのは、コルチゾールがくっついて働く、鍵穴のようなものと考えてください。

以上の理由から、**コルチゾールが増えると、「記憶の仮置き場」として機能している海馬の働きが一気に弱くなり、「聞いたはずのことを忘れてしまう」というような、脳への情報入力ミスが起こりやすくなります。**

この海馬に関しては、いろいろと興味深い研究が行われています。

たとえば、幼い頃に児童虐待を受けた子どもの脳の大きさを測ると、海馬のサイズが小さいという結果が出ています。つまり、長期間ストレスにさらされていると、海馬の細胞が死んでしまうのです。

また、人間の脳細胞は、基本的には分裂・再生しませんが、海馬には顆粒細胞《かりゅうさいぼう》というものがあり、この細胞は分裂します。しかし、コルチゾールが増えることで、この分裂が抑制されてしまうのです。そうすると、先ほどお伝えしたように、記憶力が低下し、新しいことを覚えられなくなる、つまり入力ミスが増えてしまいます。

ストレスと記憶は、関連性がないように見えますが、このように脳科学やホルモンの観点から見ると、非常に密接な関係があるのです。

入力ミスを防ぐためには、海馬の働きを低下させないことが重要です。そのためにはストレスをためないことです。日々のストレスの整理が大切になります。

副腎疲労が病気を招く

最近、「副腎疲労」という言葉をよく耳にします。「副腎疲労」とはどういう状態なのでしょうか?

まず、ストレスがかかるとコルチゾールの分泌量が多くなります。しかし、それが長引くと、血圧、血糖、水分・塩分量などを一定に保ち、体内環境を常にちょうどいい状態にするためのホルモンを作っている器官である副腎が疲れてしまい、コルチゾールを分泌できなくなります。すると、今度は、正常な人の分泌量すらも出せなくなってしまうのです。

長期のストレスで、副腎が疲れてコルチゾールが低値の状態になってしまうのが、「副腎疲労」です。

「副腎疲労」になると、疲れがとれない、体がだるい、元気が出ない、朝起きられない上に、低血圧、低血糖、集中力の低下、記憶力の低下などが起こります。こうなると、間違いなく仕事にも差し支えます。

こうして、コルチゾールが低値でも、集中力や記憶力が下がる状態となるのです。ここまで来ると、「未病」から「病気」の状態になってしまうので、その前段階でストレスを整理して対処する必要があるのです。それでは、具体的なストレス整理法について、説明していきましょう。

Ⅳ　休息法

寝る前2時間の「ゴールデンタイム休息法」

たった2時間でストレスは整理できる

朝起床後の2時間は「脳のゴールデンタイム」と呼ばれ、1日で最も集中力の高い時間帯であるため、その時間を使って「集中力を必要とする仕事」や「ミスしてはいけない大切な仕事」をこなしましょう、という話をしました。

朝、起床してからの2時間は特別な意味を持ちますが、寝る前の2時間も、別の意味できわめて重要な意味を持ちます。

それは、**寝る前の2時間は、「ストレスの整理」に最適であり、「リラックスのゴールデンタイム」**とも呼ぶべき時間帯だからです。

「リラックスのゴールデンタイム」は、私が考えた言葉ですが、寝る前2時間をリラックスして過ごすことができると、1日のストレスがほぼ解消し、寝付きがよくなります。ぐっすり眠れるので、体の疲れも回復します。心と体を100%回復させるためには、「リラックスのゴールデンタイム」にしっかりリラックスすることが不可欠なのです。

やってはいけない「寝る前」の過ごし方

寝る前2時間はリラックスしよう、と言ってもイメージしにくいと思いますので、逆にやってはいけない「リラックスのゴールデンタイム」の過ごし方を紹介しましょう。左の表を見てください。

仕事が忙しいAさんは、午後11時まで残業し、0時近くに帰宅。疲れもたまっているので、熱いお風呂に入り、お風呂上がりにコンビニ弁当を食べながらビールを1杯。そのあ

図9 「リラックスのゴールデンタイム」の過ごし方

	した方がいいこと	してはいけないこと
感情	・のんびりと過ごす	・あわただしく、忙しく過ごす ・むしゃくしゃ、イライラして過ごす
思考	・楽しいことを考える ・今日あった楽しいことを思い出す	・不安、心配なことを考える ・今日あった辛いこと、苦しいことを思い出す
表情	・笑顔、ほがらかな表情で過ごす	・しかめっ面で過ごす
自己洞察	・日記を書く ・今日、　日を振り返る	——
娯楽	・音楽、アロマ、マッサージなど視覚を使わない娯楽・リラックスできる娯楽	・ゲーム、テレビなどの視覚系娯楽 ・興奮する、エキサイティングな娯楽
視覚	・目は休ませる	・ブルーライト（スマホ、パソコン、テレビなど）
運動	・ストレッチのような軽い運動	・激しい運動（ジムでのトレーニング）
食事	・（睡眠2時間前までに食事を終了しておく）	・食事
飲酒	——	・飲酒（寝酒は禁止）
入浴	・ぬるめのお風呂への入浴	・熱いお風呂への入浴
交流	・家族との団欒 ・ペットとのたわむれ	・孤独でいる
照明	・赤色灯の下で過ごす ・やや暗いところで過ごす	・蛍光灯の下で過ごす（職場、コンビニ） ・明るいところで過ごす
嗜好品	・（コーヒーを飲むなら午後2時まで）	・コーヒー、紅茶などのカフェイン摂取
タバコ	——	・喫煙

とささやかな娯楽ということで、30分ほどスマホでゲームをします。そのあとタバコを一服して、午前1時に布団に入ります。

これは、多忙なビジネスパーソンにとっては、ごく当たり前の寝る前の過ごし方かもしれませんが、最悪の過ごし方と言っていいでしょう。

「リラックスのゴールデンタイム」にやったほうがいいことと、やってはいけないことがあります。

この表の要点をまとめると、**寝る前、2時間にやってはいけないことは、「食事」「飲酒」「激しい運動」「熱い風呂」「視覚系娯楽（ゲーム、映画）」「光るものを見る（スマホ、パソコン、テレビ）」「明るい場所で過ごす（職場、コンビニ）」「カフェインの摂取」「喫煙」です。**

逆に、寝る前の2時間にやったほうがいいことは次のようなことです。

「リラックスした気分で過ごす」「音楽、アロマなど非視覚系娯楽でのんびりする」「家族との団欒、ペットとのたわむれ」「体をリラックスさせる軽い運動」などです。

Aさんの場合、寝る前2時間に、「蛍光灯の光を浴びる」「熱いお風呂」「飲酒」「食事」「視覚系娯楽」「ブルーライト」「タバコ」と、やってはいけないことをなんと7個もやっています。これでは、「リラックスのゴールデンタイム」をまったく活用できていません。
こんな生活をしていては、疲れもとれないし、ストレスは蓄積していく一方です。

寝る前にリラックスしないといけない理由

寝る前2時間をリラックスせずに過ごすと、なぜ健康に悪いのでしょうか？
人間には、「交感神経」と「副交感神経」があります。昼は「交感神経」優位でバリバリ働き、夜になると「副交感神経」に切り替えて、ゆったりとリラックスして心と体を回復しています。

緩急をつけて働く。これが、仕事はバリバリと頑張りながらも、健康も維持される理想的な生活スタイル、ワークスタイルなのです。

「交感神経」から「副交感神経」への切り替えには、クールダウンの時間が必要となります。寝る前の2時間、ゆったり、のんびりと過ごせば、自然に「交感神経」から「副交感神経」に切り替わります。

寝る前に、「眠気が出ない」「頭が冴えている」といった状態の方は、まだ「交感神経」

優位の状態です。無理に眠りに入ったとしても、体も脳も休まりません。

細胞や臓器の修復や、免疫機能の活性化、がん細胞の除去は、寝ている間の「副交感神経」優位の状態で行われますので、**「交感神経」優位のままでは自然治癒能力が発揮できません。それが積み重なると病気になってしまいます。**

ストレスホルモンのコルチゾールが分泌されると、「交感神経」が優位になります。つまり、夜間に「副交感神経」に切り替えられず、「交感神経」が優位のままということは、コルチゾールも分泌されたまま、ということを意味します。

「交感神経」→「副交感神経」の切り替えさえしっかりできれば、コルチゾールのスイッチもオフにすることができますし、ストレスによる脳、心、体に対する継続的なダメージもすべてブロックすることが可能になるのです。

ブラック企業で働いていて、仕事は忙しいし、ノルマも課せられていてストレスも尋常じゃない！　もう働くのが辛くてしょうがない、というように、日中に膨大なストレスを抱えている方も、「交感神経」→「副交感神経」の切り替えさえしっかりできれば、睡眠もしっかりととれて、翌日にストレスや疲れを持ち越さずに、完全回復できるのです。

ですから、忙しい人、ストレスを多く抱えている人ほど、寝る前2時間にしっかりとリラックスして、「リラックスのゴールデンタイム」を活用してほしいのです。

V　睡眠法　脳のコンディションを上げる「7時間睡眠法」

睡眠不足は集中力低下の重大な原因

あなたは、1日何時間、寝ていますか？

もしあなたの睡眠時間が6時間を切っていたとしたら、あなたのミスが多い原因は、「睡眠不足」と考えられます。なぜなら、「睡眠不足」は注意力・集中力低下の最大の原因だからです。

ある研究によると、睡眠時間6時間を10日続けると、24時間徹夜と同じ程度に認知機能が低下し、別の研究では、6時間睡眠を5日続けただけで、48時間徹夜と同じくらいの認知機能になる、という結果も出ています。「徹夜と同じ認知機能」とは、缶ビール500

ミリリットルを飲んだホロ酔い状態の集中力です。

つまり、6時間の睡眠を続けている方は、すでに「集中力が著しく低下している状態」になっています。お酒を飲みながら仕事をしているのと同じなのです。

「いや、私は6時間睡眠で、毎日普通に仕事ができています」。そうおっしゃる方もいるかもしれません。先にお伝えしたように、睡眠が足りていない方ほど、自己洞察能力が低下します。「自分の睡眠は足りている」と誤認しやすくなる、という研究を思い出してください。「自分は睡眠が足りている」という感覚はまったく当てにならないのです。

つまり、**あなたが「普通」と感じている今の状態は、実はすでに認知機能が低下している状態、注意力・集中力が低下した状態である可能性が高いのです。**

睡眠が不足していると、ワーキングメモリの機能も低下しますので、情報処理能力が著しく低下します。すなわち、仕事力が大幅に低下するということです。こうなると、仕事の精度と速度も当然低下します。

睡眠時間が6時間を切っている方で、「ミスが多い」「注意力が散漫になりやすい」「仕事に集中できない」「仕事のパフォーマンスが低い」と感じているのなら、「睡眠不足」の影響が強く出ています。

「1時間プラス睡眠法」で能率アップ！

最低でも睡眠時間は「7時間」はとりたい。 日本人の平均睡眠時間は「7時間半」なのですが、忙しいビジネスパーソンの方に「7時間半」と言っても難しいので、とりあえず「7時間を目標にしましょう」とお伝えしています。

ちなみに私は、毎日8時間睡眠を確保しています。

睡眠時間6時間以下の方に、「睡眠不足になると、仕事のパフォーマンスも下がるし、ストレスもたまるし、健康を害する原因になるから、7時間睡眠にしたほうがいいよ」とアドバイスしても、ほとんどの方は言います。「仕事が忙しいので無理です」。

でも、実は因果関係が逆なのです。睡眠不足によって脳のパフォーマンスが下がっているから、8時間で終わる仕事に10時間かかっている可能性もあるのです。

しかし、ほとんどの方は、「そんなはずはありません！」と反論します。

では、ある実験をしてみましょう。

1週間だけでいいので、睡眠時間を毎日1時間だけ増やしてください。

それによって、どれだけ仕事効率が高まるのかを自ら実験してほしいのです。

私が主宰する会員数６００人を超える仕事術の勉強会「樺沢塾」(https://lounge.dmm.com/detail/60/) で、「睡眠時間を1時間だけ増やそう」という実験を行いました。

すると驚くことに、参加者のほとんどが「以前より、仕事の効率がアップして、残業時間が減った」「仕事のミスが減った」「仕事のクオリティが高まった」「体のだるさがなくなり、体調がよくなった」などの効果を実感したのです。

結論から言いますと、**1時間睡眠を増やすことによって、注意力・集中力が高まり、仕事の効率もアップし、残業時間が減って、早く帰れるようになります。**

つまり、睡眠時間を増やすことによって、睡眠時間1時間以上の時間が生み出されるのです。嘘だと思った方は、実際にやってみてください。睡眠時間6時間を切っている方に関しては、確実に効果が出るはずです。

スタンフォード大学で行われた、男子バスケットボール選手を対象とした興味深い研究があります。10人の選手に40日間、毎晩10時間ベッドに入ってもらい、日中のパフォーマンスの変化を記録しました。80メートル走のタイムとフリースローの成功率を毎日記録したのです。同大学のバスケ部には、セミプロレベルの運動能力の高い選手が集まっていたため、睡眠時間を増やしても目立った効果は出ない、と予想されました。

しかし実際は、2週間、3週間、4週間と時間が経過するごとに、すべての選手のパフォーマンスは改善し、最終的には80メートル走のタイムは0・7秒縮まり、フリースローは0・9本、3点スローに関しては1・4本（10本中）多く入るようになったのです。

また、反応時間（集中力）を調べる検査でも、選手たちは「すごく調子がいい」「ゲーム運びがよくなった」とパフォーマンスが改善され向上しているのを実感したのです。

つまり、**睡眠時間を増やすことで、集中力が向上し、エラーが減り、運動のパフォーマンスが向上する、という信じられない結果が出たのです。**

睡眠時間を増やすと、脳のパフォーマンスが著しく向上して、ミスを減らすことができます。必ず効果が出ますので、ぜひ試していただきたいと思います。

睡眠薬を飲んでも、いい睡眠はとれない

仕事が忙しくて、どうしても入床時間が遅くなってしまうという方は、頑張って時間管理をすれば、早い時間に床につくことができるはずです。しかし、毎晩、夜10時に布団に

入っても、寝付きが悪く、結果として睡眠時間が6時間を切ってしまっているような不眠症・睡眠障害の方は、「6時間眠りたくても眠れない」といったことで悩んでいると思います。

不眠症・睡眠障害の治療ということで、皆さんが最初に思いつくのはおそらく「睡眠薬」でしょう。

「睡眠薬を飲んでいれば、睡眠障害が治る」と多くの方は思っていますが、それは完全に間違いである、ということをご存じでしょうか?

睡眠薬を飲んでも、睡眠障害は改善しません。睡眠障害の背後には、必ず原因があります。その「原因」が取り除かれない限り、睡眠障害は治らないのです。

睡眠障害の根本治療は、「原因を取り除くこと」です。睡眠薬とは、あくまでも一時しのぎの「対症療法」にすぎません。

血圧が高いから、血圧を下げる薬を飲む。すると、薬が効いている間は血圧が下がりますが、薬の効果が切れるとまた血圧は上がります。

ちなみに、**睡眠薬を飲むと寿命が縮まる**、という研究もあります。米ペンシルベニア州に住む睡眠薬を処方された患者約1万人を対象に、2年半の追跡調査をしたところ、睡眠薬服用者の死亡率は非服用者と比べて、3・5〜4・6倍高いという結果が出ました。さらに、睡眠薬服用に伴う発がんリスクは35％も増加しました。

このことからもわかるように、睡眠薬を長期で服用するのは、健康によくないのです。

ですから、**「眠れない人」がまずすべきことは、睡眠薬の服用ではなく、眠れない原因を調べて、それに対して徹底的に対策を講じることです。**

睡眠障害の原因は何でしょうか？　それは、233ページの図9「リラックスのゴールデンタイム」の過ごし方でご紹介した「してはいけないこと」のすべてです。つまり、寝る前の2時間の飲酒、食事、スマホ、ゲーム、テレビなどがそのまま、睡眠障害の原因になります。

私は、今まで睡眠障害の患者さんを数えきれないほど診察してきましたが、睡眠障害の患者さんは、「してはいけないこと」を必ず何項目もやっています。それをきちんと改善していけば、睡眠薬を使わなくても睡眠障害は改善します。

睡眠障害の原因として非常に多いのが、「飲酒」です。ほぼ毎日飲酒している方で、

「よく眠れない」という方は、たいていその「飲酒」が原因です。そういう方は、お酒をやめない限り、睡眠障害は治りません。

睡眠が十分にとれないと将来、間違いなく病気になります。疲労の回復、免疫機能の向上、がん細胞の除去、細胞の修復が十分に行えないからです。「睡眠がとれない」というのは、心と体にとって黄色信号。いや、命にも関わる赤信号なのです。つまり、睡眠障害も「警告症状」の一つと考えるべきでしょう。

「眠れない人」「眠りの悪い人」は、実に日本人の5人に1人。そんな「眠れない人」「眠りの悪い人」は、とにかく寝る前2時間の生活習慣を見直して、**「してはいけないこと」をやめて、寝る前2時間で「すべきこと」を実践していきましょう。**眠りにいい生活習慣を身につければ、睡眠障害は必ず治ります。

Ⅵ 感情整理

「人に言わない」感情整理法

愚痴でストレスは解消できない

「ミスをしない人」と「ミスをしやすい人」の感情の状態を一言で表すと、**「ミスをしない人」は、沈着、冷静、平常心。「ミスをしやすい人」は、イライラ、むしゃくしゃ、余裕がない。**そんな状態ではありませんか？

イライラしたり、むしゃくしゃしたり、感情が不安定なときにミスは起こりやすいものです。つまり、「感情」を整理して安定させることによって、ミスを減らすことができるのです。

たとえば、仕事でミスをして上司に叱られたら、あなたは、そのストレスをどうやって発散して、感情を整理しますか？

「人に話す」「酒を飲む」「とにかく寝る」などが考えられるでしょうが、**ほとんどの人は「感情を整理」という意味で、間違った対応をしていると思います。**

最も多いパターンは、「人に話す」「酒を飲む」です。**「人に話す」というのは、「表現する」ということなので、感情の整理とストレス発散になりますが、「何度も人に話す」「長時間人に話す」と、先ほども述べたように、間違いなく「記憶の増強」につながってしまいます。**

居酒屋などで、サラリーマンが3、4人で上司の悪口を話している場面をよく見かけますが、驚くべきことにその同じ話題で2時間ずっと話し続けているのです。結局、堂々めぐりのような感じで、似た話が繰り返されます。すると「発散」よりも「記憶の増強」効果がはるかに上回ってしまいます。

こうなると、あなたの失敗体験は脳裏に強く焼き付けられて、2、3日たっても、いや1週間たっても、1カ月たっても忘れられなくなります。結果として、いつまでたっても、「失敗を引きずる」ことになり、失敗による感情的なダメージも引きずることになるでしょう。そんな状態で仕事をしていると、「ミス」や「失敗」のパターンを無意識のうちに踏襲してしまい、また同じ「ミス」や「失敗」を繰り返す、という悪循環に陥るのです。

どうしても人に話したい場合は、せいぜい15分くらいで軽く話す程度にとどめる。

30分とか1時間とか、長々と話さない。翌日に別な友人に、また同じ話をしない。

失敗体験の告白は、たった1回、15分程度に収めたほうが無難です。

「思考の整理」の項目でもお話ししましたが、ミスや失敗をした場合は、フィードバック（原因究明と対策）をして、「体験」と「感情」についてはきれいに忘れたほうがいいのです。

「怒り」はストレスを増強する

自分を叱りつけた上司の悪口を長々と話していると、腹が立ってきませんか？「本当は自分は悪くないし、上司にも責任があるのに、それを全部自分に押し付けやがって！」といった負の感情がわき上がり、「怒り」を感じるはずです。

１００％自分に責任がある場合は、「なぜ、事前に気付かなかったんだろう。なんて自分はダメなんだ……」と自責的になり、怒りの矛先を自分に向けることもあるでしょう。

人間は、「怒り」の感情を持つと、アドレナリンが分泌されます。アドレナリンは、強烈な記憶増強物質です。つまり、**「怒り」を伴う体験は、強烈に記憶に残ってしまう特性があるのです。**

もしかするとあなたも、こっぴどい夫婦喧嘩の体験は、何年たっても忘れられないのではないでしょうか？

アドレナリンは、強い恐怖を感じたときにも分泌されます。東日本大震災の被災者の方で、「津波が押し寄せてくるシーンが何度も何度もよみがえってきて、どうしても忘れることができません」と話す方がいます。その理由は、強い恐怖を感じたときに記憶増強物質であるアドレナリンが分泌されるからです。特に、命に関わる「死ぬかもしれない」という状況においては、大量のアドレナリンが分泌されるので、何年たっても「忘れたくても、忘れられない」ということが起きてきます。これが「心の外傷（トラウマ）」となって残ると、ＰＴＳＤ（心的外傷後ストレス障害）という病気になります。

「怒り」や「恐怖」という感情は、動物的に言えば、生命の存続の危機に関わることが多いために、同じ危険を回避するためにも強く記憶するというのが、動物的な本能なのでしょう。

「笑い」で水に流す

では、失敗やミスをした場合、どうすればいいのでしょう？　私は**「笑い話」にしてしまう**、というのが、最も上手な「感情の整理」法だと思います。

「昨日こんなことがあってさ。こっぴどく失敗しちゃってさ。俺って、本当におっちょこちょいだよね。ハハハハハ」といった具合です。

「笑い」には、ストレスを解消する効果があります。科学的に言うと、「笑い」によって、交感神経優位から副交感神経優位に切り替わるのです。つまり、「リラックス」作用です。交感神経優位の状態では、アドレナリンが分泌されています。それが副交感神経に切り替わると、アドレナリンのスイッチがオフになる。つまり、感情が整理されて、きれいさっぱり忘れられる、ということです。

ですから、「失敗体験」「苦しい体験」「嫌な体験」「腹が立つ体験」があって、どうしても人に話したいときは、深刻に話すのではなく、「笑い話」にしてしまえばいいのです。

私は、2004年から3年間、アメリカのシカゴに留学したのですが、その最初の3カ月は、アパートの賃貸や銀行口座の開設などがうまくいかず、言葉も通じず、さらに科学実験の仕事もうまくいかずで、非常に大きなストレスを抱えていました。私にとって、人生で最も辛かった時期が、アメリカに渡った最初の3カ月です。

そのとき、私が何をしたかというと、自分のウェブサイト（まだ当時はブログはなかったので）に、自分の失敗談を「笑い」を交えながら日記風に記録していったのです。とんでもない失敗が次々と起きるものですから、大笑いできるアメリカ日記となり、アクセス数も増えました。それが、当時の死ぬほど辛かった私にとって、最大のストレス発散となり、心の支えになったのです。

ミネソタ大学のユーモア（笑い）と自己有能感についての研究では、他者を笑わせたり、ともに笑ったりすることが、自己有能感を高めることにつながるということを明らかにしました。なぜなら、相手が笑ってくれることで他者との相互作用的関係がうまく築けているという自信になるからです。ミスや失敗をすると、「自分はダメな人間だ！」と自信や自己有能感が著しく低下しますが、「笑い」はそんな失われた自信を回復させる、心理学的な効果もあるのです。

このように、ネガティブな体験と感情は、「笑い」で水に流してしまうのが、上手な感情整理の方法と言えます。

お酒はおいしく、楽しく

仕事で失敗してむしゃくしゃしたときに、お酒でストレスを発散する方は多いと思います。というより、ストレス発散といえば、まず「お酒」をイメージする方が多いかもしれません。しかし、お酒が好きな私が言うのも何ですが、**「お酒でストレス発散するのはやめたほうがいい」**と思います。

なぜなら、飲み方によっては、感情を整理するどころか、ネガティブな感情を強化して、余計にストレスをためることになるからです。

会社や上司の愚痴や悪口を言いながら、あるいは失敗したのは「自分がダメだから」「自分は無能だから」と自分を責めながらお酒を飲む方は多いと思います。これは、絶対にやめたほうがいいと思います。

お酒というのは、「理性」のブレーキを外します。いわば、「催眠状態」に近いと考えればわかりやすいでしょう。催眠状態において、「自分はダメな人間だ」「自分は無能な人間だ」と刷り込むと、無意識レベルにまでそれが染み込み、まったく自分に自信が持てなくなってしまいます。

まったく自分に自信が持てない状態では、自信を持って仕事をすることも困難ですから、より一層ミスを引き起こし、仕事での失敗が続くことでしょう。

「俺の上司は最低」と刷り込めば、その上司と対面したときに、あなたはどんなに笑顔で接しても、非言語的にあなたの感情は相手に伝わりますので、上司との人間関係はより一層悪化し、あなたはどれだけ頑張っても評価されることはなく、仕事はどんどんやりづらくなっていくのです。

このように、ストレス発散でお酒を飲むことは、ネガティブな感情を自分にインストールしているのと同じことなのです。

お酒は、楽しみながら飲むもの。ですから、**「ミスしたとき」「失敗したとき」に飲みに行くのではなく、「仕事で成功したとき」「プロジェクトが終了したとき」「大きな契約を結んだとき」など、おめでたいときに楽しい気持ちで飲むようにしましょう。**

そうすると、「成功した！」といううれしい感情、「俺は仕事ができる！」という自己有能感、「自分はできる！」という自信が、無意識レベルでインストールされます。そしてそれが、次の仕事へのモチベーションにつながり、成功の連鎖が起きるのです。

くれぐれも**ミスや失敗をしたときに、お酒でウサを晴らすのはやめましょう。**お酒を飲んで忘れるはずが、まったく反対に、同じ話を何度も繰り返すことで、失敗した記憶とネガティブな感情を増強することにもなりかねません。

「二日酔い」という言葉があるように、飲酒量が多い、夜遅くまでの飲酒、毎日の飲酒によって、翌日午前中の集中力が下がり、仕事のパフォーマンスも下げます。お酒を飲まないのが、最も集中力を高めます。

「運動」と「睡眠」で感情整理

では、仕事で、こっぴどいミスと失敗をしてしまった場合、どうすればいいのでしょうか？　私なら、ジムに行き、ハードなトレーニングを1時間行い、たっぷりと汗を流し、お風呂に入る。そして、家に帰って、さっさと寝ます。

究極のストレス発散法は、「運動」と「睡眠」です。

感情的に不安定であっても、一晩たつと、その程度は間違いなく軽くなるのです。

また、睡眠中には夢を見ます。夢というのは、前日にあった出来事の「記憶」と「感情」を整理する作用があります。そのため、ぐっすり眠れば、どんな感情も整理されます。

ただ、「むしゃくしゃした気分」のまま布団に入ると、交感神経優位な状態なので、なかなか眠れません。そうしたときには、前述したようにジムに行って普段よりハードなトレーニングをしたり、1時間ジョギングをしたり、かなり疲れるくらいの「運動」をするといいと思います。

運動をすると、それだけで「むしゃくしゃした気分」や「腹立たしさ」が吹き飛びます。30分の運動でコルチゾールは正常化します。

お酒を飲むと睡眠に悪影響を及ぼしますので、記憶と感情が整理されないということになります。

ということで、究極の感情の整理術は「運動」と「睡眠」です。

PART 4 アクションプラン

- 集中力を上げるためには、「ものの整理整頓」よりも「脳内の感情とストレス整理」が重要。
- 人の脳では、「何もしない時間」に思考と感情が整理される。
- 短期的なストレスは必要不可欠だが、長期的なストレスは「集中力低下の3大原因」すべての引き金となる。
- 就寝前の2時間「リラックスした気分で過ごす」と、いい休息、睡眠がとれる。
- 脳のコンディションをよくする最高の睡眠時間は「7時間」以上。

おわりに

「集中力を高める本」というのは、これまでたくさん出版されてきました。しかし、それらの本で、「睡眠時間を増やそう」とか「脳疲労を回復しよう」といった、集中力低下の根本原因にふれ、その科学的根拠に基づいた実践法を詳細に解説したものは、非常に少ないです。

集中力の既刊本のほとんどは、「対症療法」です。小手先のテクニックだけを紹介しています。

睡眠不足や脳疲労の人が、どれだけ「確認」や「机の上の整理」を実践したとしても、集中力を高めミスを減らし、仕事を効率化することは難しいのです。

集中力を高める個別のノウハウ、テクニックを実践する前に、生活習慣の改善、脳疲労を改善し、ストレスを減らすことが必須です。

本書を読むことで、小手先ではない根本的、本質的な「集中力を高める」方法が理解できたはずです。あとは、それを一つずつ実践することで、「仕事」は当然として「人間関係」「プライベート」の問題などにも余裕をもって対応できる。まさに、本書のタイトルの通り「集中力がすべてを解決」できる状態になるのです。

本書では、「集中力を高める」ためのたくさんの方法を紹介しています。盛りだくさんすぎて、まず何から始めたらいいか、迷ってしまう方もいらっしゃるでしょう。

ここで最後に、本書の内容を次の2つの表にまとめました。

「図10　集中力が高い人、集中力が低い人の習慣」は、「集中力が高い人」と「集中力が低い人」の習慣や行動パターンを整理したものです。チェックリスト的に使用してみてください。「集中力が低い人」のチェックが入った項目を、ひとつひとつ改善していくと、あなたは「集中力が高い人」になることができます。

また、「図11　パフォーマンスが高い人の脳の習慣」は、本書で紹介した10個の習慣、トレーニング法を3つの効用別に、効果の高さを評価したものです。

これらのパフォーマンスを高める習慣を徹底して行うことで、「高い集中力」と「仕事のパフォーマンスの高さ」の両方が手に入ります。集中力高く効率的に仕事をしながら、ストレスをためず、メンタル疾患や体の病気にもならず「健康」な状態で、いや健康を超えた「絶好調」の状態、ゾーンに入りながら活躍することができるのです。

図10　集中力が高い人、集中力が低い人の習慣

	集中力が低い人	集中力が高い人
スマホ	スマホを見る時間が長い	スマホを短時間で上手に活用している
テレビ	テレビを見る時間が長い	必要なテレビ番組だけを見る
働き方	嫌々、働いている	ワクワク働いている
睡眠	睡眠不足	質のよい睡眠を7時間以上とっている
運動	運動不足	定期的に運動している
メモ	メモをとらない	きちんとメモをとる
勉強	勉強が嫌い、進んで勉強しない	「大人の勉強」をしている
忙しさ	あわただしく仕事をしている、忙しい	じっくりと腰を据えて仕事をしている
時間の使い方	予定を埋める、動き続けるのが大好き	リラックスする時間を持っている
失敗の対処	失敗を放置する	失敗から必ず「学ぶ」
TO DO リスト	TO DO リストを書かない	TO DO リストを書く習慣がある
疲労度	疲れがたまっている	エネルギッシュに仕事をしている
学びの意欲	学びを欲張りすぎる	学びを欲張らない
残業	残業が多い	残業が少ない
自己洞察力	自己洞察力が低い	自己洞察力が高い
机の上	机の上が汚い	机の上が整理されている
ストレス	ストレスが多い	ストレスが少ない
活動時間	夜型	朝型
考え方	過去にとらわれ、未来を心配する	今にフォーカスする

おわりに

図11　パフォーマンスが高い人の脳の習慣

	集中力のトレーニング	ワーキングメモリのトレーニング	脳疲労の回復ストレス発散
睡眠	★★★	★★★	★★★
有酸素運動	★★★	★★★	★★★
自然の中での運動	★	★★★	★★★
デュアルタスク（運動＋脳トレ）	★★	★★	★★
読書	★★★	★★★	★★★
大人の勉強	★★	★★★	
ボードゲーム（チェス、将棋、囲碁）	★★★	★★★	★
料理		★★★	★
マインドフルネス	★★★	★★	★★★
コミュニケーション（夫婦、家族の会話）			★★★

★★★　極めて高い効果が期待される　　★★　高い効果が期待される
★　ある程度の効果が期待される　　星なし　学術的な根拠がはっきりとしない

「集中力と効率のよい仕事力」と「心と体の健康」の両方を手に入れていただく。これが、精神科医の私が、本書『集中力がすべてを解決する』を書いた本当の理由です。

　集中力を高めるだけではなく、心と体に、絶好調のパフォーマンスを実現する。そんな素晴らしい「脳の習慣」を、ぜひ、今日から一つずつ実行していただきたいと思います。

2024年1月　精神科医　樺沢紫苑

参考文献一覧

『脳のワーキングメモリを鍛える！』（トレーシー・アロウェイ、ロス・アロウェイ著、ＮＨＫ出版）
『オーバーフローする脳』（ターケル・クリングバーグ著、新曜社）
『もの忘れの脳科学　最新の認知心理学が解き明かす記憶のふしぎ』（苧阪満里子著、講談社）
『「テンパらない」技術』（西多昌規著、ＰＨＰ研究所）
『スタンフォード式 最高の睡眠』（西野精治著、サンマーク出版）
『SLEEP 最高の脳と身体をつくる睡眠の技術』（ショーン・スティーブンソン著、ダイヤモンド社）
『脳を鍛えるには運動しかない！』（ジョン・J・レイティ、エリック・ヘイガーマン著、ＮＨＫ出版）
『その「もの忘れ」はスマホ認知症だった』（奥村歩著、青春出版社）

『やってはいけない脳の習慣』（横田晋務著、川島隆太監修、青春出版社）
『「時間の使い方」を科学する』（一川誠著、PHP研究所）
『「親切」は驚くほど体にいい！』（デイビッド・ハミルトン著、飛鳥新社）
『スタンフォードのストレスを力に変える教科書』（ケリー・マクゴニガル著、大和書房）
『神・時間術』（樺沢紫苑著、大和書房）
『ムダにならない勉強法』（樺沢紫苑著、サンマーク出版）
『脳を最適化すれば能力は2倍になる』（樺沢紫苑著、文響社）
『覚えない記憶術』（樺沢紫苑著、サンマーク出版）
『読んだら忘れない読書術』（樺沢紫苑著、サンマーク出版）
『精神科医が教えるぐっすり眠れる12の法則　日本で一番わかりやすい睡眠マニュアル』（樺沢紫苑著、Kindle電子書籍）

著者略歴

樺沢紫苑（かばさわ・しおん）

精神科医、作家。1965年札幌生まれ。札幌医科大学医学部卒。2004年から米国シカゴのイリノイ大学精神科に３年間留学。帰国後、樺沢心理学研究所を設立。「情報発信によるメンタル疾患の予防」をビジョンとし、YouTube（48万人）、メールマガジン（12万人）など累計100万フォロワーに情報発信をしている。著書47冊、累計発行部数240万部のベストセラー作家。シリーズ累計90万部の『アウトプット大全』（サンクチュアリ出版）をはじめ、『神・時間術』（大和書房）、『ストレスフリー超大全』（ダイヤモンド社）、『言語化の魔力』（幻冬舎）など話題書多数。

樺沢紫苑公式メルマガ
https://bite-ex.com/rg/2334/7/

YouTube「精神科医・樺沢紫苑の樺チャンネル」
https://www.youtube.com/@kabasawa3

集中力《しゅうちゅうりょく》がすべてを解決《かいけつ》する

精神科医《せいしんかい》が教《おし》える「ゾーン」に入《はい》る方法《ほうほう》

2024年2月 9 日　初版第1刷発行
2024年2月26日　初版第2刷発行

著　　者　樺沢紫苑《かばさわしおん》
発 行 者　小川 淳
発 行 所　SBクリエイティブ株式会社
〒105-0001　東京都港区虎ノ門2-2-1
装　　丁　西垂水敦・内田裕乃（krran）
本文デザイン　荒木香樹
D　T　P　株式会社RUHIA
編集担当　小倉 碧・長谷川 諒
印刷·製本　中央精版印刷株式会社

本書をお読みになったご意見・ご感想を
下記URL、または左記QRコードよりお寄せください。

https://isbn2.sbcr.jp/25177/

落丁本、乱丁本は小社営業部にてお取り替えいたします。定価はカバーに記載されております。
本書の内容に関するご質問等は、小社学芸書籍編集部まで必ず書面にてご連絡いただきますようお願いいたします。

ISBN 978-4-8156-2517-7